Katja Leyrer

RABEN MUTTER

Na und?

Essays und Interviews

buntBuch

CIP-Kurztitelaufnahme der Deutschen Bibliothek
Leyrer, Katja:
Rabenmutter, na und?:
Essays und Interviews/
Katja Leyrer.
— 1. Aufl. — Hamburg: Buntbuch, 1986
ISBN 3-88653-086-8

Impressum:

Lektorat: Gitta Gramkow
Titelgestaltung: Johannes Hartmann
Mengensatztype: Garamond 10/11
Gesamtherstellung: Fuldaer Verlagsanstalt, Fulda
ISBN 3-88653-086-8
1. Auflage im März 1986

Inhalt

I. Auf der Suche nach dem verlorenen Instinkt

Wo sind sie denn, die Rabenmütter?

Es ist kein Geheimnis. Seit einigen Jahren ist Muttersein »in«. Auch die Frauenbewegung wurde von dickbäuchigen Frauen, stillenden Müttern und putzigen, quengelnden Kleinkindern schier überrollt.

Selbstverständlich hat das ganz individuell nicht immer etwas damit zu tun, daß Politiker und öffentliche Meinungsmacher wieder Lobgesänge auf die Mutterschaft verbreiten und die Frauen zurück an Herd und Wiege rufen.

Unübersehbar wurden diese Zeichen jedoch nicht nur von der CDU, sondern auch von Frauen aus der Frauenbewegung gesetzt. Bücher über Sanfte Geburt und Neue Innerlichkeit mit Kind, Ratgeber übers Kinderhaben sind Renner – auch im Frauenbuchladen. Alternatives fürs Kind ist gefragt. Selbstverständlich sind fast alle diese süßen, rotzfrechen Gören Wunschkinder, »Beziehungskinder« (in Abgrenzung zur Ehe) oder Kinder alleinstehender Mütter. Und selbstverständlich haben diese süßen, mütterlichen Frauen in den Flatterkleidern ganz andere Vorstellungen über ihr Leben mit Kind, als sie es von ihren Müttern gelernt haben.

Dagegen ist nichts zu sagen.

Bedenkenswert scheint mir aber, daß diese Vorstellungen und »Alternativen« oft so neu gar nicht sind, sondern sich nahtlos einfügen in reaktionäre politische Bestrebungen, die die Aufgabe der Frauen aufs Muttersein reduzieren und die Rolle der Mutter als immer unersetzlicher fürs Kind behaupten.

Gibt es wirklich keine Alternative aus diesem Kreislauf? Müssen sich Frauen damit abfinden und entweder auf Kinder oder ein emanzipiertes Leben verzichten? Welche Anforderungen werden an Mütter gestellt, welche wollen sie erfüllen?

Es ist ja nicht gerade leichter geworden, ein Kind zu haben: Seit Rousseau ist Mutterliebe angesagt zu jeder Tages- und Nachtzeit, und seit einigen Jahren ist es wieder üblich, lange und ausgiebig zu stillen. Heutige Babys sollen viel herumgetragen werden. Erziehung ist passé – das Kind soll sich entfalten können. Seit Beginn der Kinderladenzeit in den 70er Jahren malen kleine Kinder die Wände voll und kacken auf den Teppich, und der Kindergarten wird möglichst selbst gegründet und zäh und arbeitsaufwendig instandgehalten. Alternativ gekocht wird spätestens, seit das Kind abgestillt wurde, und baumwollene Kleidung ist neben Seide und selbstgestricktem Zeug das einzig Wahre für den reizenden Nachwuchs ...

Bis hierhin haben sich die Neuerungen schon soweit als gesellschaftsfähig durchgesetzt, daß zwar noch die eine oder andere Großmutter die Hände überm Kopf zusammenschlägt, aber Elternzeitschriften die Propaganda der Neuigkeiten mit großem Aufwand betreiben und sogar die Sozialarbeiterin beim Jugend- und Sozialamt verständnissinnig mit dem Kopf nickt, anstandslos für den Unterhalt von Mutter und Kleinkind plädiert und auch das Tragetuch ganz richtig findet.

Also alles paletti? Ich glaube nicht.

Stillen und ein Kind haben sind noch keine Siege über Althergebrachtes; Hausgeburt und Kindergruppe sind keine gesellschaftlichen Veränderungen der Rollenverteilung und Chancenungleichheiten zwischen Mann und Frau; und das noch so sehr von der Frau allein gewollte Kind wird sie doch nicht selbst befreien.

Es gibt Tendenzen auch in der Frauenbewegung, die aus der Not eine Tugend machen, die das Muttersein zum weltverändernden Ereignis glorifizieren: Körpergefühle im Einklang mit kosmischen Schwingungen, Mutterrecht und Alleinbestimmungsrecht der Mutter über das Kind werden da beschworen; Mutterliebe und schwanger werden können gelten als Naturzeichen dafür, daß Frauen so anders und besser seien als Männer. Politisch gesehen ist das leider nichts anderes als die Erkenntnisse eines Herrn Blüm (CDU): »Den biologischen Unterschieden von Frau und Mann entsprechen unterschiedliche Verhaltensweisen ... Mutterarbeit führt zur Selbstverwirklichung der Frau.«[1] Unterm Strich

1 Norbert Blüm: Die sanfte Gewalt der Familie. Familienpolitische Leitsätze der CDU-Sozialausschüsse, 1981.

kommt das gleiche dabei heraus: frau wird zur Frau durch die Mutterschaft, und eine Mutter hat immer dazusein für ihre Kinder, sonst ist sie eine Rabenmutter.

Bei allem Verständnis für Tugenden, die in der Not geboren werden: es bleibt ein großes Erschrecken über das Nichtwahrhabenwollen dieser Parallelen. Es bleibt der Verlust von Freundinnen, die dereinst Pläne und Kampfeslust hatten und heute unter Bergen alternativ gewaschener Wollhöschen und Stoffwindeln ersticken und dies (um des eigenen Überlebens willen?) als Beitrag für den Kampf um eine bessere Welt verstanden wissen wollen.

Sicher, diese Probleme sind nicht für jede Frau, die heute bei uns ein Kind bekommt, relevant. Es gibt viele Frauen, die arbeiten und ihr Kind in eine Kinderkrippe geben, weil sie Geld verdienen **müssen** oder Wohnungseinrichtung und Video-Anlage auf Kredit gekauft haben. Und es gibt auch wenige Frauen, die Mutter werden und außerdem noch Betriebsrätin sind oder Chefin eines mittelgroßen Unternehmens.

Allerdings wirken sich Moden und Neuigkeiten aus der Szene, die den Umgang mit Kindern beeinflussen, auf sehr viel breitere Bevölkerungsschichten aus, als sie Frauenbewegung und alternativer Büchermarkt in anderen Fällen erreichen. Die Frage des schlechten Gewissens (Bin ich eine gute Mutter?) ist überall geprägt von den Vorstellungen, wie eine Mutter hier und heute zu sein hat. »Alles fürs Kind« ist da wieder die gar nicht neue Parole, scheinbar wenigstens kinderfreundlich. Und die macht's den Frauen, um die es in diesem Buch geht, so schwer, aus ihren Verstecken zu kommen.

Rabenmütter: Ab und zu Schlagzeilen in der Presse über Frauen, die ihre Kinder aussetzen oder gar töten, die ihre Kinder verlassen und oft als genuß- oder karrieresüchtig dargestellt werden. Das ist das Öffentliche.

Rabenmütter: Mütter, die ihre Babys in Krippen geben, weil sie Spaß am Beruf haben. Mütter, die nicht stillen, weil es ihnen zuviel Abhängigkeit bedeutet. Mütter, die in Wohngemeinschaften leben, weil sie es nicht allein mit ihrem Kind aushalten. Das ist das Nicht-Öffentliche. Sie werden zwar nicht durch die Bild-Zeitung gebrandmarkt, aber doch täglich im heimlichen Unterton einer Stimme, wenn die eine Mutter mit der anderen redet.

Rabenmütter: Überall gibt es sie. Sie reden nur nicht darüber, weil sie erfahren haben, daß das Letzte, was ihnen zugeteilt wird, Solidarität oder Verständnis ist. Wenn es Berufstätigkeit zu verteidigen gilt, sind nur Gründe wie Geldnot oder »weil das Kind lieber eine zufriedene Mutter haben soll als eine unzufriedene, die sich zu Hause langweilt« akzeptabel. Lust, Egoismus, Sich-nicht-alleinverantwortlich-Fühlen, Eigenständig-leben-wollen-trotz-Kind und Neugier sind Begründungen, die sofort die Frage hervorrufen: »Warum hat sie dann Kinder?«

Kein Wunder, daß sie unsichtbar sind, die Rabenmütter. Was Frauen bei uns heute manchmal doch (noch) zugestanden wird an Rechten und Möglichkeiten oder auch Eigenschaften – für Mütter gilt das noch lange nicht. »Wer ein Kind in die Welt setzt, hat es auch großzuziehen!« Damit sind natürlich nur die Frauen gemeint. Und das in einer Welt, die auf der männlichen Seite der Menschheit zu 99,9 Prozent »Rabenväter« zu bieten hat – und wenn einer sich um die Kinder mal kümmert, dann ist er schon ein toller Typ!

Wie ungerecht und verlogen. Wenn wir dabei nicht stehenbleiben wollen, daß dies schon alles eine natürliche und gottgewollte Ordnung sei, dann sollten wir uns mal was anderes überlegen. Vielleicht den vorwurfsvollen Unterton in der Stimme weglassen, wenn die Nachbarin ihr Kind anders behandelt, als wir es selbst richtig finden, oder einen Teil der Verantwortung für dieses Kind mit übernehmen. Vielleicht damit beginnen, Frauen, die ein Kind haben, als eigenständige Personen wahrzunehmen und nicht nur als Mutter, die an den Allüren ihres Kindes gemessen wird. Jedenfalls die Autonomie, die so oft beschworen und gewünscht wird für das eigene Leben, anderen Frauen auch zugestehen. Auch Müttern. Auch den eigenen Müttern.

Neue Frauenbewegung, Feminismus, Frauenberufstätigkeit außer Haus, Ablehnung und Verweigerung der Mutterschaft und als Pendant dazu eventuell der freiwillige Kinderwunsch sind neue Erfahrungen, mit denen unsere Gesellschaft noch lange nicht umgehen kann. Sie haben noch keinen Platz in den handelsüblichen Vorstellungen über die Vater-Mutter-1-bis-2-Kinder-Kleinfamilien. Das einzige, was landläufig zugegeben wird: diese Kleinfamilie heute ist auch nicht das Gelbe vom Ei. Ja, und Frauen dürfen gleichberechtigt sein, solange es nicht weh tut ...

Und mit dieser ganzen Weisheit kriegen wir dann ein Kind und müssen uns arrangieren. Die Bedingungen sind frauen- und kinderfeindlich. Kinderhaben ist mit Arbeit verbunden.

Selbstaufgabe und Opfermut mögen dem einen oder anderen Kind zumindest vorübergehend einen kleinen idyllischen Freiraum verschaffen. Der Preis, der dafür gezahlt wird, ist nicht neu: Die Mutter lebt über und durch das Kind, sie **wird** unersetzlich, sie gibt alles für diesen Menschen, der sich ein Leben lang mit Schuldgefühlen ihr gegenüber revanchieren wird.

Rabenmütter suchen nach neuen Wegen und finden manchmal auch welche, die irgendwann einmal den Frauen – und auch den Kindern – hier das Atmen leichter machen werden. Sie suchen nach Möglichkeiten, die den Weg ebnen für gesellschaftlich anerkannte Lebensweisen, Mutter (oder Vater) zu sein, ohne 15 Jahre Zwangsarbeit in Küche und Kinderstube leisten zu müssen. Das geht manchmal schief, und es ist immer schwer.

Mütterlichkeit und Mutterliebe gelten bei uns als normale weibliche Verhaltensweisen oder gar Instinkte. Wenn Frauen ein solches Verhalten verweigern, gelten sie als unweiblich. Als Mütter müssen sie mit dem Vorwurf, ihrem Kind zu schaden, fertig werden. In der populärwissenschaftlichen Literatur über Kindererziehung, einschließlich der meisten Veröffentlichungen aus dem Umfeld der Frauenbewegung, wird die biologische Mutterschaft – ein Kind gebären – eng in einen biologisch-zwingenden Zusammenhang zur sozialen Mutterschaft, einer langjährigen und unersetzlichen (Allein-)Verantwortung für das Kind, gestellt.

Dieser zwingende Zusammenhang soll in diesem Buch angegriffen werden. Das Idealbild der guten Mutter, die sich durch ihre Kinder oder erst, wenn diese erwachsen sind, »verwirklicht«, soll in Frage gestellt werden. Der Ansatz dieser Kritik ist feministisch: Es geht vorrangig um die Bedürfnisse der Frauen/Mütter. Frauen sollen nicht nur entscheiden können, **ob** sie ein Kind bekommen wollen oder nicht, sondern auch, **wie** sie ihre Mutterschaft gestalten. Das schließt Kinder und Männer ein. Auch Väter sollen mehr Entscheidungsfreiheiten haben, wie sie ihre Vaterschaft leben wollen. Allerdings ist der gesellschaftliche Druck für Männer längst nicht so bedrohlich wie für Frauen. »Neue Väterlichkeit« ist durchaus populär, wenn auch mancherorts darüber gelächelt wird. Eine Frau, die dem Rollenbild »Mutter« nicht entspricht, gilt als egoistisches Weib, als Hexe.

Und was die Kinder betrifft: die Widersprüche zwischen Autonomiebestrebungen der Kinder und Kindheitsdauer, zwischen Mutterliebe und Unterdrückung aus Liebe, zwischen Kinderfeindlichkeit und Kinderschutzvereinen machen deutlich, daß die Situation der Kinder in unserer Gesellschaft mit der üblichen Rollenverteilung und dem Ideal der Mutter-Hausfrau-Familie nicht sonderlich befriedigend gelöst wird.

Natürlich gibt es keine perfekten Rabenmütter. Aber es gibt doch erstaunlich viele Mütter, die in wichtigen Einzelfragen schon sehr vieles anders machen und Neues ausprobieren und dennoch oft ganz glücklich – auch immer noch weiblich – damit sind. Ihre Kinder sind weder überdurchschnittlich verhaltensgestört noch von Verlassensängsten gepeinigt. Ich habe versucht, Mütter zu finden, die sich nicht vorrangig durch äußere Zwänge wie Geldnot oder Behinderung und Krankheit dazu veranlaßt sahen, ihre Mutterschaft anders zu gestalten, als es üblich ist. Mütter, die nicht vom schlechten Gewissen erschlagen werden, sondern selbstbewußte Persönlichkeiten sind. Frauen, die eben – **auch** –

Kinder haben.

Rabenmütter, in unserem Sprachgebrauch üblicherweise verwendet als abwertende Bezeichnung für Mütter, die sich nicht oder schlecht um ihre Kinder kümmern, ihnen kein Interesse entgegenbringen, sind übrigens gar nicht so: Zwar steht im Märchen (Die weiße Schlange, Grimms Märchen), in der Bibel (Hiob 38/41, Psalm 147/9) und in dem einen oder anderen Wörterbuch, daß Raben ihre Kinder aus dem Nest werfen, sich nicht um sie kümmern, hartherzig und schlecht sind und die entsprechend betitelten »Rabenmütter« ähnliche Allüren haben. Aber Vogelkundler wissen es besser. Von Göttervögeln ist da die Rede, von den Vögeln mit größter Intelligenz, die keine Kostverächter sind, von gleichberechtigter Partnerschaft in Einehe (!) und Arbeitsteilung bei der Aufzucht der Jungen ...[1] Gibt es dem etwas hinzuzufügen?

»Wenn ich der Vater wäre, dann wär' alles o.k.«

›Ich habe mich weder während der Schwangerschaft noch als Gordon dann klein war als Mutter in dem vorgeschriebenen Sinne von Aufopferung und Erfüllung gefühlt. Beim Zusammenleben mit dem Kind habe ich aber gemerkt, daß ich immer wieder mit dem herkömmlichen Mutterbild gemessen werde und mich daran auch stoße ... Die Auseinandersetzung mit diesem Mutterbild macht eigentlich mein ganzes Muttersein aus ...

Mein Sohn ist jetzt 11 Jahre alt. Die ersten Jahre war ich sehr eng mit ihm zusammen. Ich hatte ihn sehr gemocht. Er spielte eine wichtige Rolle in meinem Leben. Ich war immer berufstätig, lernte Elektrikerin und arbeitete später als Erzieherin in einer Wochenkrippe[2] für Schichtarbeiter- und Studenteneltern in Ost-Berlin. Zu meiner Ausbürgerung ist es gekommen, weil ich seit der Schulzeit zunehmend kritischer eingestellt war zu der Entwicklung in der DDR.

Als mein Kind älter wurde, kam eine Zeit, in der ich immer mehr mit dem Mutterideal in Kollision kam, in der ich negative Gefühle zu dem Kind kriegte: Haß und Wut, Ablehnung und so. Und dann kam von anderen: Du mußt dein Kind aber lieben. Ich dachte immer: so eine Heuchelei, so eine Unehrlichkeit! Irgendwann bin ich dann an dem Widerspruch immer mehr verzweifelt, und ich haßte das Kind immer mehr.

1 D. Stefan Peters: Vögel in Wald und Garten in Farben. Ravensburg 1976.
2 Es handelte sich um einen Kindergarten für Kleinkinder, in dem die Kinder auch übernachten konnten.

Ingeborg Bannier, 30 Jahre alt, ist Medizin-Studentin. Sie hat einen elfjährigen Sohn, der längere Zeit bei einer Pflegemutter lebte. Ingeborg ist 1978 aus der DDR ausgebürgert worden.

Aber mit dem Haß konnte ich auch nicht leben. Ich konnte aber auf einmal verstehen, daß manche Eltern ihre Kinder mißhandeln.

Das ging mehrere Monate so. Meine Verzweiflung war so groß, daß ich den Gordon entweder grün und blau geschlagen hätte oder Hilfe brauchte. Soweit war ich aber im Kopf klar, daß ich meine Verzweiflung nicht an ihm ablassen wollte. Ich war auch innerlich so stabil, daß ich mir nichts vergeben habe und mir zutraute, nach Hilfe zu suchen. Ich konnte dazu stehen, auch zu dem Konflikt zwischen uns.

Und dann bin ich mit dem Kind los zum Jugendamt, das war schon in West-Berlin. Ich habe gesagt: ›Ich kann nicht mehr‹, hab' ihnen den auf den Schreibtisch gesetzt und bin wieder gegangen. Dann haben sie mich zurückgerufen, und sie haben auch versucht, auf meine Verzweiflung einzugehen. Als Lösung wurde dann angeboten, ihn erstmal zu verschicken, daß ich mal zur Ruhe komme. Da war er erstmal sechs Wochen weg. Ich habe aber gemerkt, daß das keine Lösung ist, und es kam dann dahin, daß ich ihn in Pflege gegeben habe. Damals war Gordon gerade 5 Jahre alt geworden.

Es ging mir nicht darum, mein Kind nicht mehr haben zu wollen. Es ging mir darum, mit ihm nicht in diesem Konflikt zu leben. Deshalb wollte ich ihn auch nicht zur Adoption freigeben, was man mir damals nahelegte. Die Pflegeeltern, die das Jugendamt vermittelt hatte, haben mir nicht so gepaßt. Ich habe mich dann selbst auf die Suche gemacht. Ich wollte Gordon nicht in so eine stinknormale ›Familie‹ geben, weil das ein totaler Kulturschock für ihn gewesen wäre. Er kam dann zu einer Frau, die meinen Konflikt auch verstehen konnte. Ich habe weiter zu ihm Kon-

takt gehalten, und über die Zeit der Trennung sind wir uns dann auch wieder nahegekommen. Ich hatte ihn damals nicht begrenzt weggegeben, sondern den Ausgang offen gelassen ...

Daß er jetzt wieder hier ist, hat er ganz stark durchgekämpft. Als ich noch in Berlin lebte und jederzeit erreichbar und abrufbar war, konnte er die Situation einigermaßen tragen, bei jemand anderem zu leben. Als ich nach Hamburg zog, war ich für ihn irgendwie aus der Welt. Unser Kontakt beschränkte sich immer auf Besuche, die ich in Berlin machte oder auf seine Ferien. Gordon hat dann ganz klar gesagt: ›Ich will nach Hamburg zu meiner richtigen Mutter.‹ Das hat er so mit Nachdruck gesagt, daß das auch in mich reinging. Ich war mittlerweile auch wieder ein bißchen offener und konnte das annehmen.

Wir haben dann mit der Pflegemutter einen Zeitpunkt festgelegt. Nach der zweiten Schulklasse sollte er nach Hamburg zu mir ziehen.

Die Situation hat sich aber doch anders entwickelt. Er kam, statt wie geplant nach eineinhalb Jahren, schon nach neun Monaten zu mir. Da kam er – nur mit seinem Schulranzen und den Sachen, die er auf dem Leib hatte – an. Und als ich in der Flughafenhalle auf ihn wartete, fühlte ich mich wie damals im Kreißsaal ...

Als Gordon damals zur Pflegemutter kam, da habe ich mich auch manchmal mit meinen Schuldgefühlen auseinandergesetzt. Ich denke, die hatte ich nur, weil ich die Mutter bin und nicht der Vater. Wenn ich der Vater wäre, dann wär' alles o. k. Als Gordon mal Geburtstag hatte, ging ich zu ihm – das war bei der Pflegemutter in Berlin – mit einer Tüte voller Geschenke und dem Kuchen in der Hand. Und da dachte ich: So müssen sich Väter fühlen. Die fühlen sich total stolz dabei! Daß sie das drauf haben, einmal im Jahr oder Weihnachten nach ihrem Kind zu gucken. Und ich fühle mich hier so mickrig und mache mir Schuldgefühle. Und dann dachte ich einfach: Jetzt fühle ich mich mal ganz stolz wie ein Vater ...

Jetzt im Moment finde ich es sehr gut, daß Gordon wieder bei mir lebt.

Der Konflikt ist für mich aber nicht weg. Es geht nur darum, wie ich mit ihm lebe. Denn wenn ich für Gordon auf den Elternabend gehe oder mich mit ihm im Straßenbild zeige, dann bin ich immer in der bestimmten Rolle ...

Die Mutter kriegt nur Anerkennung, wenn sie sich normentsprechend verhält. Wenn sie sich ein bißchen anders verhält, wird sie angegriffen. Und wenn der Junge sich ein wenig außer der Reihe verhält, dann fällt das auch auf die Mutter zurück. Wenn ich mich selber lebe und gegen die Verhaltensnorm ›Mutter‹ verstoße, dann werde ich bekrittelt oder angeklagt ...

Ein großer Konflikt zwischen Gordon und mir ist noch, daß ich eine les-

bische Mutter bin. Es besteht für ihn auch gar keine Hoffnung, daß ich wenigstens annähernd ein sogenanntes ›normales Familienleben‹ lebe. Früher, als er noch kleiner war, war das für ihn gar kein so schlimmer Konflikt, weil er eben nichts anderes kannte. Aber jetzt weiß er durch die Schule und die Freunde, daß es eben Vater und Mutter gibt, und er kriegt auch mit, daß man über Homosexuelle lacht und tuschelt. Und da stellt er fest: seine Mutter ist auch ›so eine‹...

Gordon hat ganz konkrete Vorstellungen, wie ich sein sollte. Wenn ich schon nicht verheiratet bin, dann möchte er, daß ich als Sekretärin arbeite, daß ich mehr Geld nach Hause bringe, daß im Haus ein Farbfernseher steht, daß wir ein Wohnzimmer haben, wo die Tischdecke auf- und abgedeckt wird. Am liebsten hätte er mich mit Lockenwicklern am Herd stehend, eine Suppe rührend, wenn er aus der Schule kommt.

Er kommt sogar mit solchen Hämmern, daß er meint, es wäre besser, ich sei die Tochter und er der Vater, dann könnte er mir mal Manieren beibringen und mir sagen, daß man mit dreißig nicht mehr in die Disco geht...

Ich habe mich manchmal davon angegriffen gefühlt. Aber jetzt sehe ich das so, daß das auch eine Entwicklungsphase ist. Jetzt lasse ich ihm seine Macken, aber das ist mir am Anfang schwergefallen. Ich finde es ganz wichtig, uns beide getrennt zu sehen. Er ist eben ein ganz anderer Mensch als ich. Wir haben nicht so sehr viel miteinander. Er entwickelt sich anders, als ich es vielleicht gern hätte. Ich lasse mich nicht so sehr beeinträchtigen in meinen Sachen, und ich versuche, das auch bei ihm nicht zu tun...

Ich bereue überhaupt nicht, daß ich ein Kind bekommen habe. Das alles, was mit mir und meiner Umwelt abgelaufen ist, sehe ich total positiv. Aber natürlich war das ein langer Prozeß und Kampf, und ich war oft verzweifelt und habe viel geweint, gerade als ich Gordon nicht mehr annehmen konnte.

Es ist so vielschichtig, was du im Zusammenleben mit einem Kind lernen und erleben kannst, beispielsweise wäre ich doch nie auf diese Auseinandersetzung mit der Scheißmutterideologie hier gekommen, wenn ich Gordon nicht gehabt hätte.«

»Wenn ich ein schlechtes Gewissen hätte, könnte ich nicht so leben.«

Silke Schulz, 33 Jahre alt, ist Schülerin. Sie hat zwei Töchter im Alter von 8 und 14 Jahren, die beim Vater leben.

»Lebenslauf in Stichworten: Erzogen wurde ich zu einem braven, häuslichen Mädchen mit ausgeprägter ›Begabung‹ für Haushalt, Handarbeit, Wäsche usw. Ich habe als kleines Mädchen viel Anerkennung über diese Arbeit gefunden. Zu den schulischen Leistungen wurde ich mit Liebe gedrängelt. Wenn ich bestimmte Leistungen nicht erbracht hatte (z. B. die Aufnahmeprüfung fürs Gymnasium), tat es mir sehr weh, aber meine Eltern waren stolz auf meinen Versuch.

Ich heiratete mit 18 Jahren meinen Ex-Mann aus lauter Liebe und weil ich schwanger war. Ich hatte damals den Mut zu sagen: Ich heirate nicht, weil ich schwanger bin, sondern aus Liebe.

Ich lebte dann 14 Jahre in dieser Ehe – mit zwei Kindern und meinen –zig Belastungen: Beruf, Haushalt, Organisatorin für alles...

Psychosomatische Krankheiten brachten mich in Kliniken. Nach therapeutischen Einzelsitzungen, die mir Mut für mich selbst vermittelten, merkte ich plötzlich, daß ich an mir vorbeigelebt hatte, und die Lawine kam ins Rollen.

Ganz schnell und mit ganz viel Angst. Ich brach die Therapie selbst ab. Ein erster alleiniger Urlaub in Griechenland machte mir das Zurückkehren in die ›normale‹ Welt des Funktionierens unmöglich. Chaotische Wochen folgten: bei verschiedenen Freunden schlafen, morgens nicht wissen, auf welcher Seite ich aus dem Bett steigen soll, zu den Kindern fahren, arbeiten (als Kinderpflegerin)...

All diese Power trieb mich dazu, eine eigene Wohnung zu suchen. Schuldgefühle hatte ich nach kurzer Zeit nicht mehr, da ich mich körperlich immer besser fühlte und alles genoß, was ich für mich tat. Meine Umzugsvorbereitungen erledigte ich während meines Examens und der Abwesenheit der Kinder. Es war für mich ein Hochgefühl, die Einrichtung für mein Zimmer mit meinen Händen zu gestalten.

Am 15. Dezember 1982 hatte ich meine Wohnung, und mir war klar, daß dies ein neues Leben ohne meine damals 12- und 6jährigen Töchter wird.

Wenn ich heute zurückblicke, ergab sich das alles durch mein Gefühl, hinzuhorchen: Was will ich, was sind meine Bedürfnisse?

Ich habe mich bei der Scheidung für eine gemeinsame Sorgerechtsregelung eingesetzt und das auch gerichtlich durchgesetzt. Für die Kinder bin ich zwei- bis dreimal wöchentlich in ihrer Umgebung (der Wohnung des Vaters) da.

Ich lebe heute in einer Wohngemeinschaft.

Mein Leben ohne die Kinder unterscheidet sich ganz stark vom herkömmlichen Denken der Menschen, die mir begegnen. Die Reaktionen gehen von Mitleid bis Ablehnung, und ganz selten erlebe ich Verständnis für das, was ich getan habe. Daher habe ich oft eine Schutzreaktion, nicht über meine Situation zu reden, weil ich keine Lust habe auf die ›Scheiße‹, die in den Köpfen der andern rumspukt. (Auch auf der Frauenwoche habe ich manchmal ein beklemmendes Gefühl gehabt: Wenn ich mich zu meiner Situation äußerte, stieß ich oft nur auf Unverständnis.)

Die mütterlichen Bande werden anerzogen, und solange frau glaubt, daß diese angeboren sind, wird sich auch nichts ändern. In dem Stadtteil, in dem ich früher gelebt habe und heute regelmäßig meine Kinder aufsuche, werde ich als ›Hexe‹, ›Ungeheuer‹, als etwas Angstauslösendes gesehen. Männer, mit denen ich früher gesprochen habe, fangen an zu stolpern und gucken in die Luft, wenn sie mich sehen.

Atmen und Luftholen kann ich immer erst in meiner Welt, mit neuen Freunden, die wirklich leben und nicht nur funktionieren.

Wichtig zu erwähnen ist auch noch, daß die Kinder trotz meines Aussteigens mich teilweise unterstützt haben. Anfangs wurde ihnen oft ein trauriges Aussehen eingeredet, und ein schlechtes Gewissen, das nicht da war, sollte bei mir geweckt werden. Ich weinte oft, sprach mit meiner großen Tochter ungefähr so: ›Nun müßt ihr auch traurig sein, wenn die anderen das denken.‹ Wir lachten dann und nahmen uns in die Arme und verstanden uns.

Manchmal ist mir dieses Doppelleben – der bestehende Kontakt zu meinen Kindern – auch noch zuviel, aber ich glaube, daß sich bei mir ständig etwas verändert hat und sich alles bewegt. Somit horche ich immer wieder genauer hin ...

Mein Leben ohne Kinder gibt mir Zeit für mich. Ich bin keine Feministin. Ich habe durch Selbsterfahrungsgruppen, Bauchtanz und Meditationen eher ein ganz tiefes Gefühl zu mir selbst bekommen, welches mir heute das Wichtigste ist. Mich kotzt es teilweise an, was ich in Lesbenszenen gesehen habe oder auch die Frauenpower, die mir zu einseitig ohne Mann abläuft. Ich glaube, daß ich mit einer Frau oder mit einem Mann eine Beziehung haben kann, aber auf keinen Fall möchte ich in einer gedanklichen Schublade drin sein – Lesbe ist so, Mutter ist so, Frau ist so ... Ich bin Silke, ganz offen, ganz verletzlich, ganz stark ...

Meine Kinder sind heute 14 und 18 Jahre alt und leben bei ihrem Vater; Verantwortung tragen außerdem hauptsächlich für die Jüngere die Oma und eine Nachbarin. Die Ältere kommt ohne diese Verantwortung aus.

Wenn ich ein schlechtes Gewissen hätte, könnte ich nicht so leben, dann müßte ich mit Krankheiten leben. Ich bin für **mein** *Leben verantwortlich und noch mal für mein Leben! Die Kinder können ganz viel für sich tun und für sich selbst entscheiden, wenn Mutter sie nur läßt.*

Die Rabenmutter gibt es für mich nicht, sie wird ›nur‹ von außen an mich herangetragen. Ich kann aber nicht alle Leute therapieren und ihre Gedanken wachrütteln…

Ein trauriges Gefühl überkommt mich schon häufiger; es ist aber nicht ein schlechtes Gewissen, sondern es sind Emotionen, die mich bewegen, z. B. wenn meine jüngere Tochter mit mir herumalbert und das als sehr angenehm empfindet (ich auch!) und sie dies nimmt und daraus den Wunsch äußert: Kannst du nicht wieder hier wohnen?

Ich weiß aber auch, daß beide Kinder keine traurigen sind, sondern lustige, freche, die manchmal die meckerige Mutter bei ihren Freunden verwünschen… Die neue Mütterlichkeit finde ich zum Kotzen. Stillgruppen und ›alternative Erziehung‹ bringen uns um Jahrzehnte zurück. Das gab es alles schon unter einem anderen Namen.

Eine große Rolle spielt bei den Frauen und Müttern das ständige Helfersyndrom. Vielfach hat die eigene Selbstfindung nie stattgefunden. Sie leben nur durch Beziehungen, Gruppen, aber nicht durch ihre eigene Persönlichkeit. Die ewigen Verbesserer und Kämpferinnen kommen oft von ihren eigenen Problemen ganz weit weg… Ich wünsche mir die Auseinandersetzung mit den Männern und nicht nur von Frauen unter sich. Ich glaube schon, daß das Übel die Mütter sind, die Söhne und Töchter haben und nichts ändern. Veränderungen kann es nur durch Frauen geben, aber gemeinsam mit Männern…

Grundsätzlich wünsche ich mir wachere Menschen, die nicht nur funktionieren und konsumieren und ihre Normen und Werte aus lauter Angst aufrechterhalten. In den Frauen schlummert ganz viel Kraft…«

Auf der Suche nach dem verlorenen Instinkt

In einer Zeit, in der wir das Zusammenleben der Menschen eher als isoliert, anonym und gefühllos empfinden, erzeugt es Angst und Unsicherheit, eine der letzten ›Sicherheiten‹ aus der Hand zu geben: die Mutter, die immer da ist oder immer da war. Eine Bastion zumindest, die wir hatten oder haben wollten.

Ist es richtig, mit einem Gefühl ins Gericht zu gehen, das relativ unangefochten doch wenigstens die letzten zweieinhalb Jahrhunderte überdauert hat?

Es ist heute wieder einmal modern, als eine Ursachenerklärung für die Schlechtigkeit der Welt die mangelnde Mutterliebe und Gefühllosigkeit gegenüber Babys zu diskutieren: als ein kulturelles Erbe der Industriegesellschaften, das die Frauen mittels Mutterschaft und mehr Mutterliebe abschütteln und verändern könnten. Jean Liedloff betreibt das in ihrem Bestseller »Auf der Suche nach dem verlorenen Glück« erfolgreich und exzessiv. Sie beschreibt Kinderaufzucht bei Indianerstämmen und erkennt anhand der beobachteten Harmonien und Glückszustände der dort lebenden Menschen in einem Rundumschlag, woran es uns fehlt:

»Die Mütter könnten, würden sie die Dringlichkeit ihrer Anwesenheit während der ersten Jahre ihres Babies erkennen, ihre Stellung aufgeben, um den Entbehrungen vorzubeugen, die das ganze Leben ihres Babies schädigen und sie selbst gleichfalls jahrelang belasten würden ... Es wäre außerordentlich hilfreich, wenn wir Säuglingspflege als Nicht-Aktivität ansehen könnten ...«[1]

Da haben wir den Schwarzen Peter! Berufstätigkeit der Mütter und Jammern über die Arbeit, die die kleinen Ableger machen! Jean Liedloff spannt den Bogen sehr geschickt: Falsches Verhalten der Mütter (Väter sind Nebensache) zerstört die Glücksfähigkeit der Kinder, die sich dann wiederum selbst als Mütter und gegenüber ihrer Umwelt noch katastrophaler verhalten werden.

Dabei beschreibt sie recht einfühlsam durchaus kritikwürdige Verhaltensweisen gegenüber Kindern (z. B. von Maschinen abhängige Geburten, Absonderung der Kinder aus der Erwachsenenwelt). Sie stellt allerdings mit keinem Wort in Frage, daß **Frauen** für Kinder zuständig sind und daß Männer selbstverständlich berufstätig sind. Im Gegenteil. Liedloffs Schuldvorwurf an die Mütter heißt: Steht endlich zu euren Instinkten, seid unersetzlich für eure Kinder, sonst werden sie nicht glücklich!

Daß es Frau Liedloff letztendlich nicht einmal um die Kinder geht, sondern sich hinter solchen scheinbar liebevollen Aufmunterungsversuchen – mit einem Schuß eigener Betroffenheit garniert – unglaublich reaktionäre Vorstellungen verbergen, wird spätestens im Anhang ihres Buches klar. Dort schlägt sie in einer längeren Versuchsanordnung einen regelrechten ›Tierversuch‹ mit Vergleichsgruppen von menschlichen Babys vor: die einen Tag und Nacht getragen, die anderen nicht – alle jedenfalls Langzeit-Beobachtungen ausgeliefert, EEG-Aufzeichnungen, Magensaftuntersuchungen und dergleichen mehr. In einer anderen Versuchsanordnung will sie mittels Trage- und Kuschelerlebnissen, die

1 Jean Liedloff: Auf der Suche nach dem verlorenen Glück. Gegen die Zerstörung unserer Glücksfähigkeit in der frühen Kindheit. München 1982.

nachgeholt werden, sozusagen den ›Abschaum der Gesellschaft normalisieren‹: Heroinsüchtige, Kriminelle, Homosexuelle, Alkoholiker...

Es ist kein Zufall, denke ich, daß solch ein Buch heute ein Renner in den sogenannten Alternativkreisen ist, in denen die neue (?) Mütterlichkeit grassiert. Ich habe dieses Buch dreimal zur Geburt meiner jüngsten Tochter geschenkt bekommen, obwohl ich einerseits auch damals keine Verfechterin neuer Mütterlichkeitsmoden war und obwohl ich durchaus auch nichts gegen das Herumtragen von Babys einzuwenden habe, solange ich das nicht alleine tun muß.

Da lag ich nun – im Wochenbett noch habe ich es gelesen – und wurde von Schuldvorwürfen geplagt auf der Suche nach den mir offensichtlich fehlenden Instinkten. Na klar, ich wollte schon, daß das Würmchen in meinem Arm ein glücklicher Mensch wird. Aber eigentlich war ich ja sehr glücklich in meiner Situation: drittes Kind, viele Pläne, anerkannt und alles auf die Reihe gekriegt, ich war so richtig zufrieden... Und da kommt eine Frau Liedloff per Buch ins Haus und sagt mir, ich dürfe nicht studieren, nicht schreiben, nicht arbeiten, sonst wird mein Kind nicht glücklich.

Den Besuch eines Erzbischofs oder CDU-Familienministers hätte ich mir auch verbeten. Ich habe sie also rausgeschmissen. Und ich gebe gern zu, daß ich die Suche nach meinen kulturell versauten Mutterinstinkten auch aufgegeben habe. Ich glaube nämlich, daß diese Suche vergeblich sein würde. Zwar rühren sie mich durchaus an, diese kleinen Wesen, zumal, wenn ich sie selber geboren habe. Doch sie nerven mich auch, und ein Jahr ständige Schlaflosigkeit und unterbrochene Handlungsabläufe und eine schiefe Schulter vom Baby-Tragetuch als ›Nicht-Aktivität‹ zu bezeichnen – das geht mir einfach gegen den Strich!

Rabenmütter-Kinder lernen fliegen

Kinder haben ist Arbeit, monotone Arbeit oft, da ein Jahr auch mit einem noch so reizenden Kleinkind 365 Tage hat: Das bedeutet im Normalfall für die Mutter 365 gestörte Nachtruhen und 365 x 6 Windelwechsel und 365 x 5 Nahrungszubereitungen und 365 x 10 ›Unterhaltungen‹ auf Kleinkind-Niveau. Darüber ist viel geschrieben worden: über das stückweise Zerbrechen am Alltag, an der Verantwortung, an der Langeweile. Das Wissen darum, daß es den anderen Müttern auch nicht besser geht, mag erstmal sehr tröstlich sein. Es führt individuell aber nicht aus diesem Kreislauf heraus. Die Verzweiflung ist vielleicht nicht so zerreißend, frau wird sich vielleicht nicht zu Selbstzerstörung

(Alkohol, Valium) hinwenden oder ihre noch so niedlichen Kinder in einem panischen Augenblick verprügeln oder quälen.

Notwendig, um diesen menschenunwürdigen Liebes- und Verantwortungszwang loszuwerden, ist vor allem ein individuelles und gesellschaftliches Umdenken in der Kinderfrage: Die Alleinverantwortung der Mutter für das Kind muß aufgehoben werden.

Was bedeutet das für die Kinder?

Mehrere und wechselnde »Bezugspersonen« – welch ein gräßliches Wort! – gelten bei uns als überwiegend schädlich, je kleiner das Kind ist. Zur Untermauerung werden vor allem Untersuchungsergebnisse von Heimkindern und Problemsituationen herangezogen, in denen das Wechseln der Betreuung wahrscheinlich gleichzeitig ein Abschieben der Kinder oder eine Notlösung darstellt. Ich beziehe mich hier auf die Untersuchungen von René A. Spitz, Beobachtungen der nichtverbalen Kommunikation zwischen Mutter und Kind (bzw. Bezugsperson) und die Erkenntnis, daß Kinder, die keinerlei Kommunikation/Reize erfahren, verkümmern und sterben. Diese Ergebnisse der Hospitalismus-Erforschung werden populär oft auf das Mutter-Kind-Verhältnis übertragen und stellen eine bedrohliche, halbwahre und unvollständige Hintergrundinformation für die Mutter dar, die sich mittels ihrer Zuwendungsfähigkeit in die Rolle einer Herrscherin über Leben und Tod ihres Kindes gedrängt findet.

Es ist denkbar, daß viele dieser psychologischen Erkenntnisse falsch sind, indirekt geprägt vom Maßstab einer positiven Idealmutter-Kind-Verbindung und beschränkt auf Problemsituationen. Einiges spricht dafür. Noch vor fünf Jahren machte eine Hamburger Krippeninitiative mit einer Broschüre von sich reden, in der beschrieben wurde, wie Kinder unter einem Jahr miteinander sozialen Kontakt pflegen. Dabei ist es ein alter Hut, daß Zwillinge von klein auf miteinander umgehen können – aber da ist es ja ›natürlich‹.

Meine größere Tochter hat nie ›gefremdelt‹. Sie wurde im ersten Lebensjahr von mir, ihrem Vater und einer Großmutter betreut, außerdem von stundenweise eingesetzten anderen Leuten (Babysittern). Eingestandenerweise war sie in ihren ersten Lebensjahren manchmal schwierig – was aber weniger mit Ängsten zu tun hatte als mit einem überaus ausgeprägten Durchsetzungswillen, der die Erwachsenen in ihrer näheren Umgebung oft bedrohte. Heute ist sie im Schulalter und ein Mädchen, das ungeheuer gut auf verschiedene Menschen zugehen, sich auf Leute einstellen kann und gleichzeitig sie selbst bleibt. Ich denke, daß sie diese Stärken auch durch ihre verschiedenen ›Mütter‹ ausbilden konnte.

Mehrere Bezugspersonen können positiv und als Chance erlebt werden, Vertrauen zu verschiedenen Menschen entwickeln zu dürfen.

Sie können vielleicht sogar die Angst vor Verlust herabmindern: **Viele** Leute gehen einfach nicht so schnell verloren wie eine Einzelmutter, und zur Katastrophe wird das Nichtdasein eines Menschen nur, wenn man nur den **einen** hat.

Verschiedene Kinderbetreuer ermöglichen es dem Kind eventuell eher, ein eigenständiges Lebensgefühl zu entwickeln, als es die Kontroll-Liebe der ›Hausfrau-Mutter-Familie‹ zuläßt. Vorausgesetzt, es gibt gewisse Minimalvereinheitlichungen zwischen den betreuenden Personen – aber wirklich nur minimale, z. B. sollten sie einigermaßen miteinander auskommen.

Alleinverantwortung wird schnell zur Überverantwortung. Das ist verständlich in der Situation der Konzentration eines Menschenlebens auf ein anderes. Überverantwortung kann aber entsetzlich einengend wirken, wenn jede Gefühlsregung registriert oder gar gewertet und gemessen wird. »Wenn du einmal nachts statt morgens scheißt, fragen sie sich schon, was mit dir los ist«, beschreibt ein Häftling einem anderen die Situation in einem amerikanischen Zuchthausfilm.

Genauso geht es vielen Kindern, die sich der übermächtigen mütterlichen Liebe und Fürsorge ausgeliefert sehen und dafür außerdem noch zu Dank- und Schuldgefühlen verpflichtet werden. Wenn Shulamit Firestone die Straßenkinder der amerikanischen Großstädte als die einzigen ›freien‹ Kinder ihres Landes bezeichnete, hatte das bei allem Zynismus einen richtigen Kern.[1]

Wirklich frei sind diese Kinder allerdings deshalb nicht, weil die gesellschaftlichen Normen so sehr andere sind als die der Straße, so daß die ›Freiheit‹ dieser Kinder eben auch nur die Freiheit der Unterprivilegierten bleibt und kaum einer dieser Menschen freiwillig im Getto lebt.

Die Aufteilung der Kinderbetreuung, das ›Fliegenlassen‹ auch größerer Kinder, wird immer riskant sein und mit Zweifeln verwoben. Es ist aber auch riskant, sein Kind allein und ›traditionell‹ aufzuziehen. Der Unsicherheitsfaktor ›Kind‹ wird immer da sein.

Wahrscheinlich fällt es uns individuell leichter, den Kindern eine Eigenpersönlichkeit (auch durchaus unsympathische Seiten) zuzugestehen, wenn das eigene Leben nicht in erster Linie auf das Kind konzentriert wird. Problemlos ist das nicht.

Wir sind so sehr geprägt und beeinflußt von unserer eigenen Erziehung, vom gesellschaftlichen Umfeld, von den Anforderungen, die an uns und unsere Kinder gestellt werden, daß wir hart daran arbeiten müssen, unseren Kindern Vertrauen zu schenken und sie nicht als Gradmesser für unsere eigene Wertigkeit zu benutzen.

1 Shulamit Firestone: Frauenbefreiung und sexuelle Revolution. Frankfurt 1970.

Es ist zweifellos auch schwer, anderen Menschen – Betreuern unserer Kinder – dieses Vertrauen entgegenzubringen. Mögen es nun die Väter sein, die in den Augen vieler Mütter nun wirklich **alles** falsch machen (wieso eigentlich?), die Kinderbetreuer/innen im Kindergarten oder die Freunde unserer Kinder.

Kinder sind in diesen Fragen viel offener und anpassungsfähiger als wir Erwachsenen. Trauer, Wut, Ängste und Minderwertigkeitsgefühle über die eigene Lebenssituation tauchen auf, sicher. Manifestiert – oder verdrängt – werden diese Gefühle aber erst durch ihre gesellschaftliche Bedeutung und wenn die Kinder sie nicht äußern können oder dürfen. Das berühmte Beispiel ist, daß das Kind nach seinem Vater fragt. Wenn er gestorben ist, kann frau (kann die Umwelt) damit umgehen – wehe aber, **sie** hat sich von ihm getrennt! Das Kind fragt, Mutter steht nicht zu **ihren** Bedürfnissen, kriegt Schuldgefühle, mag nicht darüber reden und kann's auch gar nicht, da ja in jedem Trennungsratgeber für Mutter und Kind dick drinsteht: NIEMALS SCHLECHT ÜBER DEN PARTNER REDEN!!

Da sitzt frau dann in der Klemme, und was sie auch macht, ist verkehrt, und wir trauen uns einfach nicht, dem Kind zu sagen: »Ich finde deinen Vater absolut bescheuert, weil er sich nicht um dich kümmert und überhaupt den Macker raushängen läßt und, und, und ...«

Dabei weiß das Kind dies ganz genau, weil wir diese Gefühle auch unterschwellig rüberkommen lassen.

»Ich will aber zu meinem Papi«, antwortet das schlaue Kind auf mütterliches Drucksen, Schweigen und Herumreden.

Was hindert uns daran, in diesem Moment zum Telefonhörer zu greifen und den ›Papi‹ herbeizubitten? Vielleicht noch eine Tüte zurecht zu machen mit Wäsche für das Kind – oder gleich die Tasche zu packen für einen eigenen Drei-Tage-Urlaub?

Was bringt die meisten Frauen so in Zugzwang, wenn's ums Sorgerecht geht? Erbittert wird darum gekämpft. Bloß nicht dem Vater das Kind geben, die Verantwortung, die MACHT teilen! Ein Gutteil dieser Väter wäre wahrscheinlich in der Lage – ja, ja, sie müßten sich einiges einfallen lassen –, für ihre Kinder zu sorgen.

Sich als Frau nicht auf diese Überverantwortung für die Kinder einzulassen, bedeutet einen Bruch mit verschiedenen gesellschaftlichen Normen. Es geht gar nicht um die Kinder, es geht um **uns**, um die Frauenrolle, die Mutterrolle. Wir klammern uns oft an die Kinder, weil uns nichts Besseres einfällt, weil wir Angst haben, mit unserem eigenen Leben allein ganz nackt dazustehen.

Ich glaube fast, ein bewußter Verzicht auf die alleinige Mutterverantwortung kann nur geleistet werden, wenn die Mutter eben nicht ›hauptberuflich‹ oder hauptsächlich Mutter ist, sondern Beruf und andere Interessen ihr Leben auch ohne Kinder voll ausfüllen würden. Verzicht auf Alleinverantwortung für die Kinder bedeutet nicht Interesselosigkeit den Kindern gegenüber. Im Gegenteil. Ein Kind ›fliegen lassen‹ **kann** die Voraussetzung für eine freiwillig empfundene Liebe und Achtung zwischen Mutter und Kind sein, kann die Voraussetzung sein für mehr Autonomie: für Kinder, für Mütter und für Väter vielleicht auch.

»Ich finde es stinklangweilig, den ganzen Tag mit einem Kind zu spielen!«

»Ich habe eine Tochter und wohne mit deren Vater zusammen. Wir sind nicht verheiratet, aber seit 16 Jahren befreundet.

Ich habe mir nie ein Kind gewünscht, mein Freund aber ja. Während seines Studiums hatte ich einen Schwangerschaftsabbruch. Wir fühlten uns zu jung, und finanziell wäre es schlecht gegangen, wenn ich nicht weiter gearbeitet hätte. Acht Jahre später war ich wieder schwanger, Studentin, aber er hätte uns ernähren können. Ich wollte wieder nicht: mein Studium war wichtiger, und finanziell abhängig wollte ich auch nicht werden.

In einer ›Grundsatzdebatte‹ stellte sich heraus, daß mein Freund und ich

Barbara B., 32, Studentin auf dem zweiten Bildungsweg und früher Sekretärin, hat eine dreieinhalbjährige Tochter. Erst als das Kind abgestillt war und eine Kinderkrippe besuchte, konnte sie eine gute Beziehung zu ihm aufbauen.

sehr unterschiedlich über Kinderhaben dachten. Während er es für eine ›Bereicherung‹ seines Lebens hielt, hatte ich eher Angst vor ›Verarmung‹ an meinem eigenen Leben. Er erklärte mir, daß er auf jeden Fall irgendwann ein Kind wolle, und wenn nicht mit mir...

Ich war verunsichert: Ich hatte mit dem Typ ja ein nettes Leben. Ich wollte mich nicht trennen! So habe ich den Kompromiß vorgeschlagen, daß ich mitmache, wenn wir uns beide gleichmäßig um das Kind kümmern würden. Er hat dann auch in seiner Firma durchgesetzt, halbtags zu arbeiten. Danach waren wir wirklich ›in freudiger Erwartung‹ – die Zeit der Schwangerschaft habe ich durchgehend in positiver Erinnerung.

In der Praxis klappte es dann nicht so wunderbar: Das Kind war sehr unruhig, schlief – ob tags oder nachts – kaum. Es gab keine Pausen für mich, weder zum Haushalten noch zum Schlafen. Trotzdem versuchte ich – zwei Monate nach der Geburt – mein Studium fortzusetzen. Obwohl ich wußte, daß das Kind meistens schrie, bin ich zumindest für 2 Stunden an die Hochschule gefahren, hatte aber oft ein schlechtes Gewissen den Erwachsenen gegenüber. Mehrere Male haben meine Freunde meine Vorlesungsstunden mit einem schreienden Ungeheuer verbracht, und ich dachte, ›mein Gott, was machen die alles, was lassen sie über sich ergehen‹. Ich hätte das Kind nach zwei Malen wieder abgegeben und gesagt: ›Behalt man, das mach ich nicht mit!‹ Ich muß schon sagen, die haben sich wahnsinnig eingesetzt und angestrengt.

Mein schlechtes Gewissen dem Kind gegenüber habe ich dann so beruhigt, daß ich es fast eineinhalb Jahre gestillt habe. Für mich war das wohl so eine Verwirklichung des ›alten‹ Bildes von einer guten, fürsorgenden Mutter, aber auch unser ›neues‹ Bild hält die Symbiose Mutter–Säugling hochheilig. Unbewußt brachte ich das Kind damit in eine starke Abhängigkeit von mir: Die anderen konnten sich auf den Kopf stellen, es hat alle verschrien, die nicht diese begehrte Mutterbrust zu bieten hatten. So haben wir/ICH einen echten Teufelskreis aufgebaut: Über die Milch bekam mein Kind meine ganze Unzufriedenheit einverleibt.

Nach einem Jahr entschied ich, ein Semester zu verlängern. Ich hoffte auf mehr Zeit für mich und meinen Freund, in der **wir** *wieder zusammen leben/lieben. Unsere Beziehung war zur AG Haushalt/Kind geschrumpft, was mich sehr deprimierte: Nie wollte ich ihn gegen ein Kind eintauschen!*

Trotz meines Verzichts trat keine Ruhe ein. Es änderte sich absolut nichts. Ich war frustriert über die Tatsache, daß der Vater weiter zur Arbeit gehen konnte und ich meinen Tag mit Baby und Babygruppentreffen verbringen mußte. Ich neidete ihm seine Freiheit so sehr, daß ich unrealistische Streits anzettelte: ›Bleib du zu Haus, ich geh lieber arbeiten als dies hier...‹ Aber Rollentausch und so, alles Quatsch – ich hätte ja mindestens

40 Wochenstunden tippen müssen, um soviel zu verdienen wie er in 25 Stunden...

Ich war vollkommen verzweifelt. Warum war dieses Kind so anstrengend? Alle seine Erwachsenen mochten es, und wir hatten optimale Bedingungen geschaffen.

Worauf ich mich nicht einlassen wollte, war diese ›Mutterliebe‹. Für mich hat Mutterliebe soviel – zuviel – von Aufopferung. Sie ist überhaupt keine Liebe im Sinne von Freiwilligkeit, sondern wird von Kindern und von der Gesellschaft rücksichtslos abgefordert. Das Resultat kennen wir alle. Ich will meinem Kind gegenüber nicht so auftreten: ›Ich hab für dich auf so vieles verzichtet, jetzt werde so, wie ich es will, und sei dankbar!‹ Ich brauche mein eigenes Leben! Ich kann und will nicht den ganzen Tag auf dem Fußboden sitzen und irgendwelche blöden Puzzles machen oder Puppen anziehen – aus dem Alter bin ich doch irgendwie raus! Ich finde es stinklangweilig, den ganzen Tag mit einem Kind zu spielen.

Bis mein Kind 15 Monate alt war, habe ich oft an Flucht (stehe mit Rucksack an der Autobahn – ab nach Italien) oder Selbstmord (springe vom Balkon) gedacht oder taggeträumt, weil mir eine Lösung, wie Wochenend-Mutter-werden oder so, zu unmoralisch für eine Frau erschien. Ich war zu der Zeit körperlich und psychisch ein Wrack: hatte immer Hunger, keine Zeit zum Einkaufen oder Kochen. Vollkommen übermüdet, nur noch Brust. Erholungsspaziergänge mit Kinderwagen im Park gab es auch nicht, Kind wurde ja vor der Brust getragen, egal, ob Mutters Rücken schmerzte...

Es mußte etwas Grundsätzliches passieren!?

In meiner Gier *nach regelmäßigem Essen und mehr Schlaf fiel mir das ›Müttergenesungsheim‹ ein. Hatten wir nicht als Schülerinnen immer für diesen Verein gesammelt? Tatsächlich gibt es ihn heute noch. Ich fuhr mit Kind auf Kur. Und: das war die Lösung!*

Ich war mit Marieke in einer – bewußt gewählten – Ausnahmesituation. Wir waren Tag und Nacht ohne Verpflichtungen zusammen. Nach wenigen Tagen hatte sich das Kind von selbst abgestillt. Und – nahm Kontakt auf zu anderen Kindern und Erwachsenen, wollte nicht nur ständig mich.

Nach zwei gescheiterten Babygruppenversuchen und nach dem Urlaub kam Marieke in eine Kinderkrippe. Sie blieb schon nach einer Woche ohne Schwierigkeiten dort. Ich konnte es noch nach zwei Monaten kaum glauben, daß ich wieder eigene Sachen machen konnte.

So wie es jetzt ist, ist es ganz toll. Ich studiere/arbeite 4 bis 5 Stunden und hole an zwei Tagen die Woche Marieke vom Kindergarten ab, d. h. wenn sie Lust hat. Manchmal ist sie auch mit anderen Kindern verabredet und ich soll nicht mit, dann verlasse ich ohne Kind den Kindergarten. Wir planen inzwischen selten, was wir an unseren Tagen unternehmen wollen, denn Dreijährige entscheiden sich nach Lust und Laune mehrmals täglich anders. Ich finde eigentlich meist alles gut, was ihr einfällt: Ich mag Spielen am Feierabend und bin begeistert, daß das Kind selbst Entscheidungen trifft – das ist doch ein Fortschritt gegenüber so einem Windelpaket...

An zwei anderen Wochentagen sind Vater und Kind zusammen. Dann habe ich frei: genug Zeit für Frauengruppe, Freundinnen, Sauna, Kino...

Den fünften Tag wird Marieke von unseren Freunden aus dem Kindergarten abgeholt. Die wohnen nicht zusammen, wechseln sich oft ab, aber proben auch mal ›Kleinfamilie‹. Das Kind schläft also aushäusig und wird am nächsten Morgen wieder in den Kindergarten gebracht. So haben mein Freund und ich seit eineinhalb Jahren einen Nachmittag, einen Abend, eine Nacht und ein geruhsames Frühstück pro Woche zusammen...

Alle Beteiligten sind mit dieser Regelung zufrieden. Marieke und unser Freund fahren jetzt 3 Wochen nach Italien. Ich freue mich, daß das Kind auch andere Erwachsene liebt und nicht mehr so an mir klammert. Seitdem lieben wir uns, für meine Begriffe, freiwillig. Marieke ist nicht mehr von mir abhängig, kann wählen, zu wem sie will. Und ich bin inzwischen so verliebt in meine Tochter, daß ich sie schon manchmal mit Herzklopfen erwarte, ähnlich wie wenn ich einen Erwachsenen liebe... Ich fühle mich jetzt nicht mehr nur ausgelaugt, so wie fast die gesamten ersten zwei Jahre als Mutter, sondern kenne heute auch die lustvollen Momente mit Kind. Sie sind häufiger und doller, je weniger ich die alleinige ›Mutter‹ bin.«

Das Kreuz mit den Kindergärten: Warten wir auf bessere Zeiten?

Ich bin in der glücklichen Lage, meine drei Kinder seit einiger Zeit in Kindergärten untergebracht zu haben, in die ich sie ohne »schlechtes Gewissen« schicken kann. Es hat lange gedauert, bis dieser Zustand erreicht war, und das war eine zähe und harte Arbeit: Wartezeiten bei den Behörden, einige Kindergartenwechsel, Besichtigung der ›Einrichtungen‹, Gespräche mit Leiterinnen und Erzieherinnen, Vorstellungsgespräche in Elterngruppen...

Ich habe zweimal einen Kindergarten- bzw. Krippenplatz abgelehnt, weil mir die Bedingungen zu katastrophal erschienen, und ich habe einmal eine Kleinkindergruppe mit initiiert, was zeitweise einem Halbtagsjob nahekam. Meine beiden größeren Kinder waren zwei Jahre in einem Kinderhaus – einem alternativen Kindergarten. Der Vorteil war, daß sich zwischen mir und einzelnen Erzieher/innen/n eine freundschaftliche Zusammenarbeit entwickelte, daß es Mitsprachemöglichkeiten und Zusammenhalt gegenüber den Behörden (z. B. bei finanziellen Streichungen) gab. Es war aber auch viel Streß: abendfüllende Diskussionen, Streitereien mit Eltern und Erziehern, Renovieraktionen und Hochbettenbauen am Wochenende und eben auch Auseinandersetzungen darüber, ob fünfjährige Kinder im Einkaufszentrum betteln gehen oder bei Rot über die Ampel dürfen.

Bei aller Liebe zu einzelnen Bedingungen in solch einem Projekt und bei allem Vertrauen, das ich zu einzelnen Mitarbeitern auf einer gleichberechtigten Ebene entwickeln konnte – ich würde es nicht wieder machen. Unterm Strich haben die positiven Erfahrungen das Maß an Mehrarbeit (Zeiteinsatz für Elternabende zu jedem anstehenden Problem, dauernde Vertretung von kranken Erzieherinnen oder Erziehern) nicht ausgeglichen. Ich halte Projektarbeit im Kindergartenbereich nicht für besonders eltern- und vor allem frauenfreundlich, obwohl es erstmal einen anderen Anschein hat. Geboren aus dem schlechten Gewissen über den zugegeben oft miserablen Zustand bestehender Kindergärten – oder weil gar keiner da ist – wird so ein Projekt schnell zum kräfte- und zeitfressenden Unternehmen. Und vieles an der gepriesenen Selbstbestimmung und Demokratie ist gut gemeint, aber in der Realität nur Schall und Rauch. Was soll eine von den Eltern mitgetragene Entscheidung über Neuaufnahmen von Kindern in eine Gruppe? Da sitzt man seine Zeit ab und muß schauen, welche Mutter/welcher Vater sich und das betreffende Kind am geschicktesten verkaufen kann und es schafft, in zehn Minuten eine oft festgefahrene Gruppensituation zwischen den Eltern zu knacken. Als Mutter in dieser Rolle der ›Um-den-Platz-Bittenden‹ habe ich mich immer sehr miserabel gefühlt.

Zur Farce wird das Ganze leicht, wenn dahinter auch noch hochpolitische Ansprüche stehen. In einem Kinderhausprojekt in Hamburg wurde ich zweimal schon bei der Anmeldung meiner Kinder über meine politischen und frauenbewegten Meinungen ausgefragt – in die engere Wahl kamen wir dann, weil mein Freund Tischler war (wie praktisch!). Nach einer Probewoche wurde meine Tochter abgelehnt – sinnigerweise mit der Begründung: »Ein Mädchen, das haut, wird von den Jungs nicht akzeptiert und von den Mädchen abgelehnt« (ja, ja, es handelte sich um das berühmte Kinderhaus mit den berühmten Ausstellungen über frauenfeindliche Rollenverteilung in Kinderbüchern und dergleichen Gutem mehr ...). Auf dem Elternabend stellte sich heraus, daß der betreffende Platz schon der Freundin von der Freundin eines Vaters versprochen gewesen war und überhaupt ... Chaos auf der ganzen

Linie. »So geht's doch nicht, und es tut uns so leid.« Aber die vielbeschworene Demokratie steht im Protokoll, und ich habe eine Woche Zeit investieren müssen.

Die andere Seite, das Althergebrachte, ist nicht besser. Im Gegenteil. Irgendwann, 1980, war mein 2jähriger Sohn in einem dieser staatlichen Kinder›gärten‹ an einem Autobahnzubringer, und sein Vater hatte ihn nicht, wie versprochen, abgeholt. Glücklicherweise rief ich kurz nach 18 Uhr aus einem anderen Grund dort an und bekam süffisant mitgeteilt, daß der Kleine in einer halben Stunde in ein Auffang-Kinderheim gebracht würde. Statt in einer solchen Situation bei den Eltern anzurufen, wird mit Bürokratie und Drohungen gearbeitet. Und wie es dem Kind dabei geht, ist sowieso egal. Wer kennt sie nicht, diese Erzieherinnen, die vermitteln, daß Mütter, die arbeiten oder geschieden sind, selbst noch erzogen werden müssen? Wehe, man kommt 10 Minuten zu spät oder vergißt, die Windeln mitzubringen! Wehe, das Kind hat keine sauberen Fingernägel!

Am Anfang meiner Kindergartenerfahrungen als Mutter war ich hilflos und machtlos diesen unterschwelligen und offenen Vorwürfen ausgeliefert. Da gab es nur zwei Möglichkeiten, alles falsch zu machen: Entweder das Kind war schnell angepaßt – aha! –, oder das Kind klammerte sich an mich und weinte – aha! Mittlerweile kann ich mit Erzieherinnen – Erzieher sind immer noch eine kostbare Rarität! – umgehen. Und glücklicherweise habe ich seit fast drei Jahren überwiegend mit solchen zu tun, denen ich vertrauen kann und die mich auch so akzeptieren, wie ich bin. Darüber hinaus mögen sie auch noch Kinder. Ich habe lange dafür gebraucht, um klarzukriegen, daß das nichts Selbstverständliches in diesem Beruf ist.

Bittere Worte. Das meine ich auch. Es waren auch bittere Erfahrungen für meine Kinder und mich, und ich glaube, wir teilen sie mit vielen Kindern und Eltern.

Dennoch: Ich plädiere dafür, Kinder in Kindergärten zu schicken.

Und zwar nicht aus dem vielzitierten Grund, daß sie dort viel bessere Angebote kriegen (obwohl das manchmal zutrifft). Und auch nicht, weil sie dort angeblich Gemeinschaftsgefühl und Solidarität entwickeln (dies ist wohl eher ein Wunschtraum: meine Kinder haben schlagen und beißen, intrigieren und ›Bande auf jemand machen‹ gelernt).

Dennoch: Ich bin für Kindergärten. Warum?

Weil ich sie brauche, die Kindergärten. Ich könnte nicht und wollte nicht 365 Tage und Nächte Kinderbetreuung leisten. Es ist mir zuviel. Ich brauche Freiräume.

Es gab Zeiten, in denen ich Jobs annehmen mußte, die nur zum Geldverdienen zu ertragen waren. Selbst Kaufhausarbeit und Kurzbriefe tippen habe ich aber als Atempause erlebt zu immerwährender, nie aufhörender Kinderbetreuung. Früher habe ich mich schlecht damit getröstet, daß eben Kindergarten immer noch besser sei als eine unzufriedene, schlechte Mutter. Bis ich dahinter kam, daß es fast allen Müttern, mit denen ich darüber redete, ähnlich ging. Das Unnormale war also normal. Ich war gar keine schlechte Mutter und meine Kinder keine Monster. Noch besser.

Leider wird darüber wenig geredet unter Kindergartenmüttern. Leider gibt es wenige Erzieher/innen, mit denen Mütter (Väter) so offen sprechen können. Als sorgeberechtigte Eltern(teile) lebt man/frau immer unter dem Damoklesschwert einer Kindergartenakte bei der Behörde oder wenigstens dem Tuscheln hinter vorgehaltener Hand zwischen den Kinderbetreuern.

Ich bin für Kindergärten. Aus dem einfachen Grund, weil Kinderbetreuung aufgeteilt werden **muß.** Ein Kind allein hat schon zu viele Bedürfnisse, als daß eine Mutter oder auch zwei Eltern diesen gerecht werden **können.** Barbara Sichtermann[1] hat die enorme Beanspruchung, die Kleinkinder, von ihren Betreuern fordern, ausführlich beschrieben, witzige Situationen – aber eben auch Eintönigkeit und anstrengende Arbeit. Sie fordert mindestens eine zweite Mutter (den Vater) für das Leben mit dem Kleinkind. Ich stimme ihr zu. Mögen viele Kinder Väter haben – ich wünsche es ihnen –, die mit ihnen zum Spielplatz toben und es wenigstens stundenlang lustvoll mit ihnen aushalten! Meine jüngste Tochter hat so einen. Doch ich fürchte, es ist realistisch, davon auszugehen, daß frau heute eher noch einen guten Kindergartenplatz findet als einen guten Vater für ihr Kind. Der muß ja, will er wirklich entlastend und wichtig werden, nicht nur vom Kind was wollen, sondern auch bereit und in der Lage sein, beruflich was zu ändern – beispielsweise halbtags arbeiten.

Ach, Barbara! Sie sind ja wunderschön, die Träume von den ›Familien‹ aus lauter kinderliebenden, verständnisvollen Leuten, von den ›Elternschutzgesetzen‹, von den Männern, die ein halbes Jahr beim Baby bleiben. Ich bin dafür, durchaus. Nur – bis meine Kinder groß sind, und das geht ganz schnell – geht's mir nicht nur um Träume und Forderungen, sondern ganz aktuell täglich neu um die Lösungsmöglichkeiten hier und heute! Es ist mir erst einmal egal, ob der Kindergarten langfristig Notlösung oder gesellschaftlich anerkannte Normallösung ist. Meine Kinder brauchen **jetzt** andere Personen und Orte; ich brauche **jetzt** Zeit für mich und nicht in irgendwelchen späteren oder besseren

1 Barbara Sichtermann: Vorsicht, Kind. Eine Arbeitsplatzbeschreibung für Mütter, Väter und andere. Berlin 1982.

Zeiten, in denen diese Welt vielleicht einmal mit Vätern gesegnet sein mag. Ich habe auch weder Lust noch Zeit, Sozialarbeit zu leisten und aus Männern Väter zu machen. Das ist mehr Energieaufwand als jede Krabbelgruppengründung. Deshalb bitte Kindergärten, Kinderkrippen – auch mit Schattenseiten!

Zur Versöhnung noch ein paar erfreuliche Erfahrungen: Zumindest in der Stadt ist es heute möglich – zugegeben entweder mit gehörigem finanziellen Aufwand oder in einer sozialen Situation, die nach Hilfe schreit –, akzeptable Unterbringungsmöglichkeiten für Kinder zu finden. Und es gibt auch Kindergärten und -krippen, die hervorragend sind. Manchmal ist es gerade die Unterstützung von uns, die Hilfe der Eltern, die gebraucht wird, wenn Erzieher/innen einiges besser machen wollen.

Elternabende – regelmäßig, aber nicht unmäßig –, Gespräche mit den Erzieher/innen, die Erlaubnis, jederzeit das Kind zu besuchen, Eingewöhnungsmöglichkeiten mit allen bisherigen Bezugspersonen: das sind Voraussetzungen, die ich für mich und meine Kinder fordere von einem Kindergarten, Forderungen, die auch von vielen Kindergartenerzieher/innen/n unterstützt werden.

Ich erlebe gerade bei meiner jüngsten Tochter, daß es sogar Krippen geben kann, die fast ideal sind. Das Entscheidende sind genügend Leute, genügend ›Bezugspersonen‹. Das ist heute leider oft nur über die Arbeitsausnutzung von Praktikant/inn/en oder Ersatzdienstleistenden zu erreichen – politisch sicherlich problematisch –, scheitert aber oft schon daran, daß sich Erzieher/innen gestört fühlen von zusätzlichen (kritischen) Mitarbeitern, die neue Ideen mitbringen.

Das Bewußtsein vom Nutzen einer Aufteilung der Kinderbetreuung für die Kinder ist vor langer Zeit die ideologische Grundlage für die Entstehung der Kindergartenbewegung gewesen. Es gab von mehr als hundert Jahren bereits die Erkenntnis, daß **eine** Mutter zuwenig ist, »die Hut und Erziehung des Kindes allein zu besorgen«, weil die Frauen eben auch noch andere Pflichten haben, andere Kinder, Arbeit (im Hause), vor allem aber weil die Kinder in den meisten Fällen Ansprüche stellen, die von ein oder zwei Erwachsenen, die auch für ihren Lebensunterhalt sorgen müssen, nicht erfüllt werden können.[1]

Erstaunlich finde ich die Tatsache, daß es uns heute immer noch mindestens genauso schwerfällt wie den Frauen in der Mitte des 19. Jahrhunderts, uns für ersetzbar zu halten hinsichtlich der Betreuung und Liebe dem Nachwuchs gegenüber. Die psychologischen ›Erkenntnisse‹ über die Mutter-Kind-Bindung und über die Entwicklung kleiner Kinder

1 Wilhelm Middendorf: Die Kindergärten. Bedürfniß der Zeit. Blankenburg 1848.

haben anscheinend gewirkt. So, wie sie gemeint waren.

Nichts gegen Erkenntnisse. Nichts gegen Verständnis für kleine Kinder. Ich bin Feuer und Flamme gegen Prügel und Kinderunterdrückung. Ich bin auch dafür, daß Erwachsene sich als »Forschungsassistenten« der kleinen Kinder verstehen, um mit Barbara Sichtermann zu sprechen. Solange dies nicht auf dem Rücken der Mütter ausgetragen wird! Es ist bezeichnend, daß all diese Erkenntnisse, all das, was den Kindern zugute kommen soll, an die ›Mutterliebe‹ appellieren und – weigert die betroffene Frau sich – Beweise für die Schuld der Mütter darstellen. Wenn Kinder so viel brauchen, um sich zu entwickeln – und ich bin davon überzeugt, daß vieles davon stimmt –, warum, bitte, tun die Leute so wenig dafür?

Es ist hilfreich, sich darauf zu besinnen, daß diese Widersprüche schon recht alt sind. So alt wie das bürgerliche Mutterideal. Und daß sie in unserer Gesellschaft mit Ausdauer nicht gelöst werden, sondern dazu dienen, den Frauen den Schwarzen Peter zuzuschieben – und die Arbeit.

Kinder brauchen eine Umgebung, die ihnen Nahrung, menschliche Wärme und Kommunikation gibt, ihre Bedürfnisse stillt – vom Windelwechsel bis zum Austoben und Forschenlassen. Und unsere heutige Welt ist kinderfeindlich. Tun wir doch nicht so, als könnten wir allein – die Mütter – dem was entgegensetzen, als könnten wir Oasen des Friedens und der ›natürlichen‹ Umgebung schaffen. Dabei werden wir uns die Beine ausreißen, mehr nicht. Im Gegenteil, erst wenn Mütter aufhören, sich zu opfern und sich hintenanzustellen, werden Väter und Gesellschaft kapieren, daß es so nicht weitergeht.

Mütter sind nicht unersetzlich. Manchmal ist es schwer, das wahrhaben zu wollen. Zum Beispiel, wenn das Kind so reagiert, wie wir es eigentlich vom Kopf her gern wollen. Wenn es die ›Kindergartentante‹ liebt, wenn es am Wochenende Heimweh hat nach der Kindergruppe …

Ein Plädoyer also für Kindergärten, als eine Möglichkeit, uns Luft zu verschaffen, als eine Möglichkeit, dem Geleise der Selbstaufgabe und Unersetzlichkeit zu entrinnen. Ein Plädoyer aber auch für die Forderungen nach mehr und nach besseren Kindergärten und für den Kampf dafür. Gerade jetzt, wo sich solche Vorstellungen fast exotisch ausnehmen zwischen Stellenstreichungen, Kindergartenschließungen und Wende-Politik auf der einen und Projekten mit täglichem Putz-, Koch- und Kinderbetreuungsdienst der Mütter auf der anderen Seite.

»Ich saß in einer komfortablen und gemütlichen Falle . . .«

»Ich bin Polin und lebe seit sieben Jahren in der Schweiz, bin mit einem Schweizer verheiratet. Ich habe ein abgeschlossenes Studium der Anglistik in Polen hinter mir. Meine beiden Töchter sind sechseinhalb und drei Jahre alt. Jetzt studiere ich wieder – Slavistik und Anglistik. Ein paar Stunden in der Woche bin ich als Englisch-Lehrerin tätig.

Anna K., 34 Jahre alt, Studentin und Lehrerin, lebt in der Schweiz und hat zwei Kinder im Alter von sechs und drei Jahren. Sie hält sich mit Babysittern über Wasser, weil Kindergärten in der Schweiz eine Mittagspause haben, in der die Kinder nach Hause geschickt werden.

Ich bin auch eine ›Rabenmutter‹. Das ist mir erst nach einer langen Periode von krampfhaften Anpassungsversuchen klar geworden. Ich bin eigentlich nie zur Rolle der Mutter in der Weise trainiert und gezüchtet worden, wie ich das bei den Frauen in der Schweiz beobachten kann. Ich bin fast als Mann erzogen worden. Das bedeutet, daß ich fast keine Pflichten gehabt habe, aber dafür viel Zeit, um meinen Interessen nachzugehen. Aus der Küche wurde ich regelmäßig weggeschickt. Meine ganze Energie sollte sich auf die Ausbildung konzentrieren.

Ich bin in einer untypischen Familie aufgewachsen. Mein Vater hat mehr Zeit zu Hause verbracht als meine Mutter, die voll berufstätig war. Er hat alle häuslichen Pflichten erledigt, so gut er konnte. Das Bild eines Mannes, der kocht, einkauft und das Kind pflegt, ist für mich eine normale Erscheinung.

Ich sollte eine gute Ausbildung erhalten und möglichst beruflich weit kommen. Das wäre vielleicht der Fall gewesen, wenn ich in meinem Land geblieben wäre...

Ich muß zugeben, daß ich in die Falle ›Familie und Kinderkriegen‹ ganz bewußt gegangen bin. Verwirrung und keine klaren Chancen auf dem Arbeitsmarkt in der Schweiz haben bewirkt, daß ich in der Mutterschaft eine Erfüllung und Rettung gesehen habe.

Vielleicht wollte ich durch Mutterschaft auch beweisen, daß ich wenigstens zum Kinderkriegen fähig bin. Dazu kam eine gute Portion Neugier – ich wollte einfach das Erlebnis nicht verpassen. Die idyllischen Vorstellungen wurden aber bald durch die Realität korrigiert.

Ich saß in einer komfortablen und gemütlichen Falle. Die drohende Gefahr wurde deutlicher, als wir in eine Reihenhaus-Siedlung in eine Kleinstadt umzogen. Erst dort habe ich deutlich realisiert, daß ich in diese Welt von Hausfrauen und Kindern überhaupt nicht passe. Ich sehe während des Tages auf den Straßen und im Laden nur Frauen und Kinder. Männer kommen am Abend nach Hause zurück, um neue Kräfte zu schöpfen und verschwinden am nächsten Morgen in frisch gebügelten Hemden. Sie sind verpflichtet, dieses Versorgungslager finanziell zu erhalten. Sicher kein neues Bild vom Mann-Frau-Verhältnis, aber daß es so drastisch spürbar sein kann...

Die ganze Siedlung hat etwas von einem Harem. Vielleicht sind die Grenzen nicht so eng, und die Frauen können anderen Männern das Gesicht zeigen, vielleicht sogar eine kritische Meinung äußern. Sonst sehe ich aber keinen gewaltigen Unterschied. Die Langeweile wird durch verschiedene Pseudo-Aktivitäten betäubt: Basteln, Putzen, Kochen, Stricken, Besuch von diversen Kursen: ›Mütter und Kinder backen zusammen‹, ›Basteln für Mami und Kind‹... Ein Kurs mit dem Titel ›Mami und Kind verblöden zusammen‹ wird nicht angekündigt. Schade, das würde am besten der Realität entsprechen.

Das ist das Leben der Frauen. Sie leben durch ihre Kinder, fördern deren Talente. Die Probleme der Kinder werden zu den Hauptproblemen der Mütter. Kindergeburtstage werden mit Pomp gefeiert, auch schon für Zweijährige. Das Kinderverhalten wird unter die Lupe genommen und die Erziehungsprobleme ausführlichst diskutiert, soweit die eigenen Sprößlinge das erlauben. Alles dreht sich um das Kind. Und wenn die Frauen sich schon ein wenig Zeit verschaffen, dann nur für Einkaufstrips oder Aerobic...

Ich kenne hier keine Frau, die für mehr als vier Stunden in der Woche arbeiten geht. Aber diese scheinbar heile Welt trügt. Es gibt Depressionen, Ängste, viele haben das Bedürfnis nach einer Therapie...

Ich habe studiert und ein relativ sorgloses Leben geführt, bis meine erste

Tochter geboren wurde. Zwar stellte ich auch vorher ziemlich viel in Frage, was die Situation der Frauen angeht, spürte jedoch noch kein Verlangen, mich aktiv zu engagieren. ›Ich lasse mich schon nicht unterkriegen‹, war mein Motto. Kinder? Warum nicht – aber als Zusatz zu einem erfüllten Leben und nicht als die Erfüllung selbst.

Als ich dann Mutter war, wurden mein Stolz und meine Frechheit drastisch reduziert. Minderwertigkeitsgefühle, Aussichtslosigkeit, schlechtes Gewissen und endlich Wut waren die Folge. Es brauchte ein paar Jahre, bis ich vieles begriffen habe – nicht ohne Hilfe von feministischer Lektüre.

Ich habe aufgehört zu jammern, mich zu bemitleiden und habe angefangen, über meine berufliche Situation nachzudenken. Meine bisherige Ausbildung, immerhin fünf Jahre Anglistik-Studium, erwies sich als ungenügend, um einen interessanten und entsprechend bezahlten Job zu kriegen. Und so beschloß ich, weiter zu studieren und mein Studium um andere Gebiete zu erweitern. Bei der steigenden Anzahl arbeitsloser Akademiker ist das sicherlich ein riskanter Schritt – aber es ist immerhin ein Schritt.

Mein Ziel ist es, die finanziellen Sorgen und das Erziehen der Kinder mit meinem Mann zu teilen. Er will das auch. Ich will alles, Beruf **und** *Familie. Ich studiere jetzt und arbeite einige Stunden in der Woche als Sprachlehrerin. Soweit, so gut. Aber jetzt kommt der entscheidende Punkt: Ich will und muß mich von den Kindern lösen, wenn auch nur für ein paar Stunden am Tag. Und weil ich sie nicht dem Vater in die Hand drücken kann, der noch voll berufstätig ist, bleiben mir nur staatliche Einrichtungen als Lösungsmöglichkeiten. Und hier fängt das Problem an – das frauenfeindliche Kindergarten- und Schulsystem in der Schweiz, das eine Mittagspause von 3 Stunden einplant, in der die Kinder bei Mutti zu Hause sein sollen.*

Ich habe vor kurzem an einem Kongreß ›Gegen Frauenunterdrückung, Rassismus und Ausländerfeindlichkeit‹ in Zürich teilgenommen und dort in einer Gruppe gearbeitet, die sich besonders mit Familie und Kindererziehungsproblemen beschäftigt hat. Das Resultat war erstaunlich. Ich sprach das Thema der nicht existierenden Tagesschulen an und war erstaunt, wie groß das Bedürfnis der ausländischen Mütter an derartigen Einrichtungen ist. Eine Forderung nach Tagesschulen wurde zur Hauptforderung des Kongresses. Die Ausländerinnen fanden alle das herrschende Schulsystem (mit zweistündiger Mittagspause) diskriminierend für die Frauen. Schweizerinnen sind bei diesem Thema eher zurückhaltend. Ich wurde darüber informiert, daß eine ›Arbeitsgruppe für die Tagesschule‹ in Zürich existiert, und zwar seit elf Jahren …

Das könnte lächerlich sein, wenn es nicht so tragisch wäre. Praktisch bedeutet das für mich, daß ich mich noch sehr lange arrangieren muß, daß ich für diese zwei, drei Stunden mittags immer eine Betreuung für die Kinder suchen muß...

Eine vollzeitige Beschäftigung als Erzieherin und Haushälterin darf niemandem zugemutet werden. Die Kinder dürfen auch das Privileg haben, von verschiedenen Personen betreut zu werden, und die zentrale Figur in ihrem Leben muß nicht die Mutter sein. Der Vater sollte auch von seiner Rolle als einziger Familienernährer entlastet werden...

Wenn ich mir Gedanken über eine ideale Situation mache, stelle ich mir auch eine weniger kinderfeindliche Umgebung vor. Seit die Erziehung hauptsächlich zur Pflicht der Frauen wurde, fühlt sich die Umwelt von dieser Sorge entlastet. Merkwürdig – von der einen Seite wird man mit dem Slogan ›Alles für das Kind‹ attackiert, auf der anderen Seite aber ist die Welt kinderfeindlich. Schon Einkaufen wird zur Tortur. Ich bin immer verkrampft, wenn meine Kinder zu laut werden oder im Zug anfangen, zu singen... Mütter und Väter kennen diese feindlichen Blicke oder bissigen Bemerkungen. Dann flüchtet man zurück in die eigenen vier Wände und fühlt sich hoffnungslos isoliert...

Mich ärgert das falsche Bild der Medien über die Eltern/Mutter/Kind-Beziehungen. Ich lasse hier mal Presse und Literatur beiseite – die Filmwelt genügt schon... Bis jetzt ist mir nicht bekannt, daß auch nur **ein** *Film die ganze Wahrheit über das Zusammensein von Mutter und Kind gezeigt hat! Die Kinder werden entweder als phantasievolle, lustige Wesen dargestellt oder als leidende, arme Gestalten, was spontan Sympathie bei den Zuschauern weckt. Das Kind wird als total positive Erscheinung hingestellt. Zugleich wird immer weggelassen, was die andere Seite betrifft: die Langeweile, die harte Arbeit, die unzähligen Tätigkeiten, die dem Kind überhaupt seine Existenz ermöglichen. Ich habe nichts dagegen, wenn einmal ein unternehmungslustiger Bengel im Film gezeigt wird, der die Welt mit immer neuen Abenteuern entsetzt – ich möchte aber auch, daß mal gezeigt wird, wer nach seinen Abenteuern aufräumen muß und wie lange das dauert...*

Früher fühlte ich mich oft wie eine Rabenmutter. Ich war ungeduldig und aggressiv; ich kämpfte ständig um ein bißchen Freiraum und Atem für mich. Ich habe mir vorgeworfen, zuwenig Verständnis für die Psyche der Kinder gehabt zu haben. Ich fürchtete, daß Worte wie ›Geh weg, laß mich in Ruhe!‹ unvorhergesehene Folgen für die Entwicklung der Kinder bringen würden. Ich träumte, daß ich dem Idealbild der Mutter eines Tages entsprechen würde – immer geduldig und verständnisvoll sein...

Heute weiß ich, daß das unmöglich ist. Distanz zum Kind hilft viel mehr. Wenn ich nach ein paar Stunden nach Hause komme, dann habe ich meine Kinder wieder gern. Wenn ich mich dagegen den ganzen Tag mit ihnen beschäftigen muß, dann bin ich mit Haß erfüllt. Wenn die Umge-

bung in mir eine Rabenmutter sieht, ist mir das völlig Wurst...

Als einzige Lösung bleibt mir momentan, tiefer ins Portemonnaie zu greifen und stundenweise Babysitter anzustellen. Oder mit anderen Müttern die Kinder abwechslungsweise zu hüten. Das letzte, ehrlich zugegeben, tue ich nicht besonders gern. Andere Kinder hüten raubt mir vor allem die Zeit und strapaziert meine Nerven noch dazu...«

II. Mit Freude übernahmen sie die entsetzliche Bürde

Heilige Kindererziehung?

Das bürgerliche Mutterideal zwingt Frauen, einen ›Mutterliebe-Trieb‹ zu verspüren und zwingt Frauen, im Namen dieser ›Liebe‹ sehr viel Dreckarbeit zu machen.

Seine Entlarvung und Zurückweisung bedeutet nicht, daß Kinder **keine** Zuwendung erhalten sollen. Und die Forderung nach freier Entscheidung über die soziale Mutterschaft für die Frauen bedeutet auch nicht, daß Mütter ihre Kinder nicht aufziehen **dürfen** oder lieben **können.** Ich gehe davon aus, daß es Frauen gibt, die in der Kinderaufzucht eine spannende und passende Arbeit für sich finden und die

darauf keinesfalls verzichten wollen. Ich gehe aber auch davon aus, daß es Männer gibt, die gern ›Kinderarbeit‹ machen wollen. Und ich gehe vor allem davon aus, daß es heute sehr viele Frauen gibt, die zu Kinderarbeit und Mutterliebe gezwungen werden, weil es gesellschaftlich üblich ist, daß sie diese Arbeit verrichten und dieses Gefühl verspüren.

Kinder brauchen ganz viel. Sie brauchen Zuwendung, Zärtlichkeit, Nahrung und in den ersten Jahren ihres Daseins Leute, die ihnen Hilfe und Beistand geben zum Redenlernen, Laufen und Leben. Kinder brauchen Erwachsene, die Zeit und Lust haben, ihr Leben mit ihnen zu teilen. Sie brauchen Vertrauen und Anerkennung. Sie brauchen unheimlich viele Informationen.

In einer Vielzahl von Erziehungsratgebern, Büchern über Entwicklungspsychologie und den Umgang mit dem Kinde werden viele Bedürfnisse der Kinder bei uns benannt und beschrieben. Leider dienen solche Ratgeber aber hauptsächlich nicht der Anregung, sondern geben Nahrung für das schlechte Gewissen der Mütter, weil sie die Arbeit der Kinderaufzucht zwar vielleicht noch ausführlich beschreiben oder durch Ratschläge zu verdecken suchen, aber nicht prinzipiell in Frage stellen, ob **ein** Mensch, **eine** Mutter, überhaupt dazu in der Lage ist, unter Beibehaltung eines menschenwürdigen Lebens die Bedürfnisse der Kinder zu erfüllen.

Vor allem aber zieht sich wie ein roter Faden das Prinzip der ›heiligen Kindererziehung‹ durch all diese Ratgeber – ob das nun Ulrich Diekmeyers Elternbücher sind[1], die Zeitschrift ELTERN oder Alternatives von Barbara Sichtermann, die als »Forschungsassistentin« ihres Sohnes lieber Cognac kippt, als das heilige Kind in seinem Drang zur Entwicklung behindern zu wollen.[2]

›Heilige Kindererziehung‹ – das bedeutet eine vorübergehende Aufwertung der Kinderarbeit: Es wird wichtig und unersetzlich, was im privaten Bereich zwischen Kind und Eltern (meist sind es ja nur die Mütter) vor sich geht. In einer Gesellschaft, die auf allen Ebenen aber vor allem Frauen- und Kinderfeindlichkeit anzubieten hat, dient ›heilige Kindererziehung‹ nur der Verschleierung dieser Widersprüche. Unsere Gesellschaft ist unfähig, sich um ihren Nachwuchs zu sorgen und schiebt den Schwarzen Peter den Frauen zu.

Sobald es über den privaten Bereich von Mutter und Kind hinausgeht, ist von einem heiligen Prinzip im Interesse der Kinder wenig zu merken: Man denke nur an Schulsituation, Autoverkehr und Umweltverschmutzung.

1 Ulrich Diekmeyer: Das Elternbuch. Reinbek bei Hamburg 1976.
2 Barbara Sichtermann: Nein, nein, will nicht! rororo Elternrat. Reinbek bei Hamburg 1983.

Ich glaube, die Männer wissen schon ganz gut, auf was sie sich da nicht einlassen: Monotonie, Geduldigkeit, Dreckarbeit und immer, immer, immer wieder den Prellbock spielen zwischen Bedürfnis des Kindes und kinderfeindlicher Umwelt.

Ich habe mir oft schon gewünscht, meine Kinder weniger um mich zu haben, um mehr Positives mit ihnen erleben zu können. Das ist sogar eine Forderung, die ganz locker auch von vielen Mutter-Kind-Ratgebern erhoben wird: Mütter sollen in der Lage sein, auch mal eben Haushalt, Müll und Nervereien zu vergessen, um sich ›ganz ihrem Kind widmen zu können‹.

Vor allem aber habe ich mir oft gewünscht, meine Kinder weniger um mich zu haben, weil besonders die Prellbock-Rolle gegenüber der kinderfeindlichen Umwelt aufreibt bis an die Grenze des Erträglichen. Aber was – meine Damen – sind schon individuelle Bedürfnisse verkorkster Erwachsener gegen das sichtbare, fühlbare Unglück so eines kleinen, unschuldigen Menschenkindes?!

Individuell steht frau vor solchen ›Ratgebern‹ und kann sie nur verweigern, wenn sie sich selbst als menschliches Wesen mit Menschenrechten treu bleiben will. Aber sie nimmt gleichzeitig in Kauf, nicht ALLES, nicht das MENSCHENMÖGLICHE für ihr Kind getan zu haben. Das ist ein ungeheurer Druck.

Verständlicherweise will fast niemand, daß es unseren Kindern schlechtgeht, daß sie nicht gefördert und liebgehabt werden. Die Männer stellen das fest und gehen an ihre Arbeit. Die Frauen ziehen sich den Schuh an und opfern sich auf: Wäre es nicht viel spannender und ›natürlicher‹, wenn wir uns alle um das Gedeihen der Kinder bemühen würden?

Solange Kindererziehung eine heilige Pflicht nur für Frauen ist, solange ist was faul an diesen Geschichten. Solange angeblich zum Wohle der Kinder die Mütter sich selbst zu vergessen haben, kann es mit dem Wohl der Kinder auch nicht so großartig bestellt sein... Von den kleinen Mädchen ganz zu schweigen.

»Entweder, du willst was verändern, was dir an deiner Situation nicht gefällt, oder du willst in der Situation bleiben.«

Birgit S., 36 Jahre alt, Verwaltungsangestellte, hat zwei Kinder im Alter von 15 und 17 Jahren und ein Kind (13) zur Adoption freigegeben.*

»Ich bin vom Vater meiner Kinder geschieden und lebe seit 9 Jahren mit einem Freund und den beiden Kindern zusammen.

Als meine Kinder klein waren, kannte ich fast nur Frauen, die den ganzen Tag zu Hause waren, immer da für ihre Kinder. Mit dieser Vorstellung vom Muttersein bin ich auch aufgewachsen.

Ich brauchte immer eigenen Raum für mich.

Das hat mir früher Probleme und Schuldgefühle bereitet: daß ich es mir als Mutter anmaße, eigenen Raum zu haben. Heute habe ich ja auch ein eigenes Zimmer. Aber ich habe diese Frechheit eigentlich immer gehabt, und wenn man frech ist, dann muß man sich eben auch mal schlecht fühlen dabei.

Ich habe meine Kinder sehr selbständig erzogen.

Als sie noch klein waren, mußten sie sich allein anziehen – und wenn sie zwei Stunden mit ihrer Strumpfhose rumgewirtschaftet haben. Mit drei Jahren haben sie sich schon Frühstück selber gemacht (in meinem Dabeisein). Sie mußten in den Kindergarten – auch wenn sie manchmal nach kurzer Zeit wieder nach Hause kamen –, das habe ich dann auch erlaubt.

Ich habe vor 14 Jahren mein drittes Kind zur Adoption abgegeben. Ich wollte kein Kind mehr, und Abtreibung war damals kompliziert und teuer. Da habe ich mich dazu entschieden und das durchgezogen. Das ist so von allein gelaufen. Das war so, und dann lief das wie eine Schwangerschaft – vollautomatisch. Ein drittes Kind hätte mich geschafft. Man stößt immer wieder auf Situationen, wo man sich entscheiden muß. Und ich habe mich eben zur Adoption entschieden.

Und dann ging es mir so schlecht, wie es mir nie im Leben gegangen ist und nie wieder gehen wird. Meine Mutter wollte nichts mehr mit mir zu tun haben, weil ich meine Tochter zu der Zeit auch bei meinem Mann gelassen hatte.

Da bin ich so ein halbes Jahr wirklich durch den Abgrund gehuscht. Habe nur Alkohol getrunken, unter starken Depressionen gelitten, kriegte keine Arbeit und kam überhaupt nicht damit zurecht, allein zu leben. Ich fand mich als Mutter völlig unfähig, habe mich als Belastung für meine eigenen Kinder gesehen. Ich habe damals gedacht: Wenn ich weg bin, dann

* Der Name ist geändert.

haben die endlich ein ruhiges und frohes Leben. Da habe ich eines Abends Alkohol und Schlaftabletten genommen – ich wollte ja immer nur schlafen – und bin nach drei Tagen erst wieder aufgewacht. Eine Freundin hat mir dann ins Gewissen geredet. Ich bin sicher aus eigener Kraft da herausgekommen. Aber auch mein Freund, mit dem ich heute noch zusammenlebe, hat mich unterstützt.

Ich bin dann in die nächstbeste Selbsterfahrungsgruppe reingetanzt – natürlich alles nur Studenten und Akademiker. Das war ein Schock für mich. Alle stellten sich vor: ›Ich studiere das, ich bin das.‹ Und ich habe gesagt: ›Ich bin nix, hab' nix, kann nix und mach nix.‹ So habe ich mich damals auch empfunden. Die fanden mich aber auch interessant, und ich habe zwei Jahre mitgemacht. In der nächsten Gruppe – durch Umzug bedingt – habe ich dann das erste Mal über die Weggabe des Kindes gesprochen, weil eine Frau dort schwanger war.

Das hat mir dann sehr gut getan, obwohl ich mich schon wieder gefangen hatte. Aber ich konnte ja nie mit jemand darüber reden bis dahin. Ich hatte immer Angst gehabt, immer Angst. Ich hatte Angst vor Ärzten, vor der Frage: ›Wie viele Entbindungen hatten Sie?‹ Ich mußte immer einen Teil meiner Geschichte verleugnen. Das Verleugnen war erstmal einfacher in den meisten Situationen. Damit kam ich nicht zurecht. Ich war in einem unheimlichen Zwiespalt. Ich hatte damals nicht die Haut, mich zu wehren. Ich stand – nach der letzten Schwangerschaft – in der Schlachterei, wollte ein bißchen Aufschnitt holen, und die Verkäuferin sagte zu mir: ›Na, das Baby scheint ja da zu sein.‹ Wie willst du da vor 25 Leuten sagen: ›Es gibt kein Baby.‹ Da habe ich eine trauervolle Miene gemacht und gesagt: ›Das ist gestorben.‹ Dieser Zwiespalt war mir sehr zuwider. Ich habe auch prinzipiell was dagegen, Leuten, die putzmunter irgendwo rumspringen, was Schlechtes anzudichten.

Heute könnte ich mich wehren. Es ärgert mich sehr, daß die Leute, die mich verurteilen, nichts sagen. Ich kriege ja nur mit, daß mal jemand sagt, daß er betroffen ist oder das gut findet.

In den letzten Jahren habe ich lange Selbsthilfe-Gruppenarbeit im Bereich Adoption gemacht. Das fing bei der Frauenwoche '81 an. Ich habe dann auch Treffen angeboten, über Institutionen und privat. Ich bin selbst damit an die Öffentlichkeit gegangen, daß ich ein Kind abgegeben habe, in Radiosendungen und in einem Fernsehfilm.

Ich habe auch längere Zeit in einer Gruppe mit Adoptivkindern, Adoptivmüttern und abgebenden Müttern gearbeitet. Unsere Gruppe hat bei einem Film über Adoption mitgewirkt…

Im Moment bin ich sehr eingespannt, weil ich neben der Berufstätigkeit noch einen Laden habe. Seit Anfang des Jahres habe ich ein Geschäft aufgemacht, und dort bin ich nachmittags bis abends. Das bedeutet für die Fa-

milie, daß nachmittags nicht mehr alle zusammen sind und sich treffen. Es gibt noch manchmal Übergangsprobleme, weil ich die organisatorischen Fäden nicht mehr in der Hand halte. Ich habe das gemacht, weil meine Berufstätigkeit – jeden Tag acht Stunden hinterm Schreibtisch sitzen – doch nicht das ist, was ich mir für mein Leben vorstelle. Ich habe Lust, was anderes zu machen. Ich brauche Bewegung und immer mal was Neues...

Das macht mir Spaß, aber kaum jemand begreift, daß man was machen kann, nur weil es Spaß macht.

Entweder, du willst was verändern, was dir an deiner Situation nicht gefällt, oder du willst in der Situation bleiben...«

»Ich hätte den Absprung mit drei Kindern nicht geschafft.«

»Meine Mutter ist gestorben, da war ich zwei Jahre alt. Als ich vier war, hat mein Vater nochmal geheiratet, und es war für mich ganz klar, daß das meine Mutter ist. Ich habe diese Frau auch vom ersten Moment an so akzeptiert. Mit gut sechs Jahren bin ich dann in die Klosterschule, ein Internat, gekommen. Dort wurde uns beigebracht, daß eine normale Familie aus Vater, Mutter und Kind besteht, daß die Frau für die Kinder dazusein hat, daß sie ruhig zu sein hat und duldsam, und daß sie das zu tun

Heidi C., 38 Jahre alt, ist Studentin auf dem zweiten Bildungsweg (Betriebswirtschaftslehre). Sie hat drei Söhne im Alter von 6, 17 und 20 Jahren. Die beiden älteren ließ sie beim Vater, als ihre Ehe auseinanderging.

hat, was ihr vom Mann vorgeschrieben wird. Alles aufgehängt am Beispiel der Jungfrau Maria. In diesem Raster bin ich großgeworden.

Meine Vorstellungen waren: ich heirate mal, und ich möchte vier Kinder haben, möglichst zwei Jungen und zwei Mädchen. Dazu wollte ich mir einen tollen Mann aussuchen, der auch etwas betucht sein sollte, den Verhältnissen meiner Familie entsprechend, und dann habe ich ein tolles Leben.

Die Frage der Berufstätigkeit war damals zweitrangig. Aber als ich siebzehn war, kam das Problem dann doch langsam auf mich zu. Ich wollte gern eine Ausbildung machen. Aber mein Vater sagte: ›Du heiratest sowieso, das lohnt sich nicht.‹

Mit 18 kam ich dann raus aus dem Internat und hatte die Vorstellung: du gehst als Jungfrau in die Ehe. Dem war dann aber nicht so. Ich habe meinen späteren Mann kennengelernt und konnte es dann beim erstenmal so gut, daß ich schwanger wurde. Und da stand für mich fest: Du hast dich hingelegt, jetzt hast du die Verantwortung für das Kind auch zu tragen. Es gehörte sich einfach so, auch wenn ich merkte, daß das nicht das Ideale war.

Als mein erster Sohn zur Welt kam, war ich 19. Ich sagte mir: Du hast das Kind in die Welt gesetzt, dafür mußt du jetzt auch geradestehen. Für meine Familie war das nicht ganz so. Denn ich hatte mich mit meinem Mann, der ein einfacher Busfahrer war und auch noch Ausländer, weit unter den Status der Familie begeben. Da hat es geheißen: ›Du gehörst nicht mehr zur Familie.‹

Bis in den siebenten Monat habe ich damals immer noch gedacht: Das kann doch gar nicht sein. Ich habe gehofft, eine Fehlgeburt zu kriegen, damit sich das alles von alleine regelt. Aber dann habe ich mich damit abgefunden und mich am Schluß sogar auf das Kind gefreut.

Das war mein ständiges Reaktionsmuster: Du hast es soweit gebracht, also bade es auch aus.

So bin ich zu dem Kind gekommen. Zuerst haben wir rumgeschmust, und plötzlich fing mein Mann an zu jammern, er habe so Schmerzen, und er müsse jetzt mit mir schlafen, um etwas dagegen zu tun. Ich dachte: Du hast ihn soweit gebracht – also muß es sein.

Die ersten beiden Jahre waren wir nicht verheiratet, da ich noch nicht volljährig war und mein Vater das Einverständnis zur Hochzeit verweigert hatte. Er hatte den Vorschlag gemacht, daß ich das Kind in einem Mutter-Kind-Heim bekommen solle und es dann zur Adoption freigeben solle.

Wenige Wochen vor meinem 21. Geburtstag kam dann von der Behörde die Erlaubnis zur Heirat. Beim Hochzeitstermin hätte ich am liebsten NEIN gesagt. Mein Mann hatte ständig versucht, mir einzureden, daß ich ohne ihn nichts sei, daß ich ohne ihn nicht leben könne, und er würde mir das Kind wegnehmen, wenn ich ihn nicht heiraten würde. Ich habe mich dann eben geopfert.

Ich fühlte mich in meiner Ehe dumm und ganz klein neben meinem Mann. Er war 36. Er hat mir fünf Mark Haushaltsgeld am Tag gegeben und mir gesagt, was ich tun soll. Ich hatte das Gefühl, ich kann überhaupt nichts.

Ich habe getan, was er verlangte. Und habe mich dann in das Kind geflüchtet.

Es war ein ganzes Stück Egoismus dabei – übrigens bei jedem meiner Kinder. Ich habe gemerkt, daß so ein kleines Wesen einen ungeheuer braucht, daß es einen vorbehaltlos liebt. Ich hatte nie Haßgefühle gegenüber dem Kind. Es war hilflos, und es war etwas, was ich für mich haben konnte, etwas, was zärtlich war und mir das Gefühl gab, gebraucht zu werden. Als der Junge aber mit etwa zwei Jahren damit anfing, zu begreifen, daß er auch einen Vater hat, kam soviel Eifersucht in mir auf, daß ich unbedingt ein zweites Kind haben wollte.

Meine Ehe wurde immer frustrierender. Ich hatte nur Pflichten, aber keine Rechte. Und ich konnte ja auch mit niemandem reden, weder mit meinen Eltern noch mit anderen Frauen. Ich habe alles in mich hineingefressen, wurde depressiv und kam in eine Klinik. Gegenüber den Ärzten und einer ›Therapie‹, in der ich in der Waschküche arbeiten sollte, habe ich allmählich so etwas wie Widerstand entwickelt.

In den sechs Monaten in dieser Klinik hat sich in mir der Entschluß gebildet, daß ich meinen Mann verlassen wollte. Mein Mann hat darauf mit Druck (›Ich nehme dir die Kinder weg!‹) und mit Tränen (›Laß es uns doch noch einmal probieren!‹) reagiert... Und wir haben es noch einmal probiert.

Nach einer Kur oder einem Klinikaufenthalt habe ich mich dann immer in Aktivitäten gestürzt. Ich arbeitete auch immer wieder im Büro. Aber meist ging mir nach zwei oder drei Jahren die Puste aus, weil eben gar nichts rüberkam an Erfolg oder Zärtlichkeit...

Als der älteste Sohn elf und der andere neun Jahre alt waren, brauchten sie mich nicht mehr so richtig. Also bekam ich noch ein Kind.

Bis zur Geburt des Jüngsten lag ich fünf Monate in der Klinik. Ich hatte Zeit zum Lesen und Nachdenken. In diesem Zusammenhang lernte ich Stillgruppen und Frauengruppen kennen. Als das Kind da war, organisierte ich in meinem Wohnort eine Stillgruppe. Mein Mann hielt das für überflüssig und gewährte mir keine Unterstützung. Er war inzwischen 50 Jahre alt.

Ich wollte – mit meinem Mann – umziehen. Ich bekam während des Umzugs eine Gehirnhautentzündung. Da war mir dann klar, daß ich so nicht weitermachen konnte.

Im Rehabilitationszentrum habe ich mich dann entschlossen, von meinem Mann wegzugehen. Ich habe das mit den beiden großen Söhnen besprochen und sie gefragt, was sie machen wollen. Sie wollten, auch bedingt durch Schule und Freunde, bei ihrem Vater bleiben. Sie waren damals 12 und 15 Jahre alt.

Als ich aus dem Rehabilitationszentrum nach Hause kam und mein Mann den Brief vom Rechtsanwalt hatte, hat er völlig abgebaut, versuchte mich zu bereden, und ich spürte, wie die alte Tour von vorn losgehen sollte.

Die Frauengruppe hat Geld gesammelt und mich abends zum Bahnhof gebracht, und dann bin ich mit 800 Mark und dem Kleinen in Hamburg angekommen.

Ich habe auf einem Abenteuerspielplatz gearbeitet und erfahren, wie das mit dem zweiten Bildungsweg funktioniert. Ich habe die Prüfungen gemacht und hatte damit auch ein Ziel, so daß ich anfing, hier Fuß zu fassen.

Ich hätte den Absprung mit drei Kindern nicht geschafft. Aber die größeren waren sehr selbständig, weil ich unterschwellig seit 1972 gedacht hatte: Die müssen selbständig werden, weil ich ja weg will.

Seit zwei Jahren studiere ich. Ich lebe jetzt in einer lesbischen Beziehung. Der jüngste Sohn geht morgens in den Kindergarten, von da zur Schule, danach bis fünf Uhr in den Kindergarten. Der mittlere Sohn wohnt seit einem Jahr wieder bei mir und ist auf der Suche nach einer eigenen Wohnmöglichkeit. Er geht noch zur Schule.

Die negativen Sachen, die waren bei mir so stark, daß ich das Gefühl habe, damit ist es jetzt genug. Deshalb kann ich den Druck aushalten, und was die Leute denken, das ist mir egal.«

Die bösen Mütter

»Es ist ja eh alles für die Katz'...«, sagte die Rabenmutter und verließ ihre Kinder. Das tun in der Tat ab und zu Frauen. Oft steht es dann in der Zeitung, und Papi gibt eine Annonce auf: »MUTTI! WIR BRAUCHEN DICH!«

Täglich verlassen Väter ihre Kinder, und kein Hahn kräht danach. Frauen wählen so selten den Weg des Weggehens, weil er mit außerordentlichen Schuldgefühlen und moralischen Verurteilungen durch die Gesellschaft verbunden ist. Ein Mann, der seine Kinder verläßt, ist immer noch ein Mann, und wenn er sich mit Alimenten freikauft und ab und zu reinschaut, sogar noch ein ganz normaler, guter Vater.

Eine Frau, die ihre Kinder verläßt, ist keine Mutter mehr – und ob sie eine normale Frau ist, wird bezweifelt.

Ich halte es für legitim, Kinder zur Adoption freizugeben oder zu verlassen. Schlimm daran ist – für die Kinder und die Mütter –, was daraus gemacht wird. Keine Mutter zu haben (wohlgemerkt, es geht nur um die leibliche Mutter!), gilt bei uns als Behinderung mit all den schrecklichen Konsequenzen und traditionellen Vorurteilen, denen auch behinderte Menschen ausgesetzt sind.

Es gilt sogar als für das Kind behindernd, wenn die Mutter nicht immer fürs Kind da ist. Je kleiner die Kinder, desto strenger wird nach der immer verfügbaren Mutter gerufen. Babys sind angeblich noch nicht fähig, miteinander was anzufangen; ›normale‹ Kinder haben zu ›fremdeln‹, Kinder unter drei Jahren sind überfordert, in einer Kindergruppe (Kindergarten) zu leben usw.

Das ist schlicht falsch. All diese ›Erkenntnisse‹ sind von den Normen der Kinderaufzucht bei uns geprägt: Natürlich wird ein Kind, das immer nur seine Mutter um sich hat, eines Tages gegenüber anderen Personen ›fremd‹ sein! Das würden wir – als Erwachsene – auch so handhaben, wenn wir ein Jahr lang nur mit **einem** bestimmten Menschen zusammenkämen!

Urvertrauen also zu Hinz und Kunz? Was hat ›man‹ sich nicht alles einfallen lassen, um den Müttern klarzumachen, daß sie unersetzlich seien für ihre Ableger: die unsichtbare Nabelschnur, das langsam wachsende Vertrauen zur fremden, schrecklichen Umwelt, das erstmal – ganz sanft bitte – von der leiblichen Mutter erweckt werden müsse, Verlustängste schlimmsten Ausmaßes, neurotische und psychosomatische und wirkliche und unwirkliche – eigentlich alle – Krankheiten und Störungen, die ein menschliches Wesen entwickeln kann ... Alles kalter Kaffee! Ganz verschämt – niemand untersucht das – werden die unzähligen Kriegskinder übergangen, die mit Hilfs-, Zweit- und Ersatzmüttern oder ganz ohne Mütter aufgewachsen sind. Märchen- und Literaturhelden, die mutterlos sich die Welt erobern, faszinieren die Kinder (und Erwachsenen) seit Generationen: Heidi wächst beim Opa auf, Pippi Langstrumpf allein, Tarzan bei den Affen, und Tick, Trick und Track sind ganz glücklich mit ihrem Onkel.

Natürlich ist die Mutter aber auch schädlich fürs Kind, wenn sie da ist. Das muß auch so sein, sonst könnten die Frauen aus all dieser heiligen Unersetzlichkeit vielleicht schlußfolgern, daß sie wirklich unangreifbar wichtig wären für die Gesellschaft.

Die Rede ist von den klettigen, dominanten Übermüttern, die ihr Kind ›overprotecten‹ – diese armen Frauen, die ja eigentlich nur das machen, was ihnen allerorts geraten wird: nämlich jeden Pups und jede Regung ihres Kindes beobachten, fördern, behüten und kontrollieren.

Ich will nicht bestreiten, daß es diese Mütter gibt, im Zeitalter der

›neuen Mütterlichkeit‹ verbreiten sie sich wie ein Heuschreckenschwarm. Ich will auch nicht bestreiten, daß einem die überkontrollierten Kinder leid tun können.

Aber: Diese Mütter sind nicht individuell schuldig zu sprechen für ihr Verhalten, das doch nur offensichtlich die Anforderungen an Mutter-Kind-Verhalten bei uns karikiert und deutlich sichtbar macht!

Das bürgerliche Mutterideal macht Frauen und Kinder bei uns zum Spielball entsetzlicher Schuldzuweisungen und Abhängigkeiten: Frauen werden mit Hilfe ihres Geschlechts und ihres Mutter-Seins verantwortlich gemacht für die Entwicklung, Begabung und das Wesen ihrer Kinder. Kinder fühlen sich noch als Erwachsene oft ihren Müttern gegenüber schuldig.

Es ist völlig unmöglich in unserer Gesellschaft, Mutter zu sein, ohne Schuld auf sich zu laden. Zwischen zu wenig und zuviel ›Liebe‹ hat eine Mutter alle Möglichkeiten, Fehler zu machen und einen anderen Menschen zu versauen. Jeder Fehler, jede Macke, jede Ungewöhnlichkeit des Kindes (und des Erwachsenen!) werden der Mutter zugeschrieben. Zig Therapien leben von der ›bösen Mutter‹. Vom Gebären bis zur späteren Schwiegermutterrolle im Witz und im Leben offenbart sich eine frauenfeindliche und frauenverachtende Haltung der Gesellschaft als Ausdruck patriarchalischer Machtverhältnisse. Dieses Mutterbild kann sich aber nur so lange behaupten, solange Frauen so wenig Selbstwertgefühl haben und sich selbst schuldig fühlen. Eine Frau, die ihr eigenes Verhalten und Leben ihrer eigenen Mutter zum Vorwurf macht, wird sich ihren Kindern gegenüber kaum autonom verhalten können.

Die Entstehungsgeschichte des heutigen Familienideals

Für meinen eigenen Lebenszusammenhang war es sehr erleichternd, als ich vor einigen Jahren, zunächst bruchstückhaft, erfuhr, daß das Bild von der ›idealen Mutter‹, das uns als traditionell und natürlich beigebracht worden ist, ein relativ neues und durch die faschistische Familienideologie neu aufbereitetes, idealisiertes Vorbild ist. Dieses Vorbild hat sehr wenig mit Natur und um so mehr mit gesellschaftlichen Bedingungen zu tun.

Das bürgerliche Mutterideal besteht aus sehr viel mehr als dem Bild der züchtigen Hausfrau am Herd, an deren Schürzenzipfel sich wonnige Kleinkinder festhalten. Sein Hauptkern ist die Zuweisung der langjährigen Alleinverantwortung fürs Kind an die Frauen, an die biologischen

Mütter. Diese zwanghafte Koppelung zwischen biologischer und sozialer Mutterschaft wird als für das Kind notwendig und natürlich behauptet und für die Mutter als natürlich und traditionell, als sei es schon immer in der Geschichte der Menschheit so gewesen. Die Alleinverantwortlichkeit der biologischen Mutter für eine lebenslängliche, mindestens aber 16 bis 20 Jahre dauernde soziale Mutterschaft, wie wir sie heute als gesellschaftliche Norm erleben, ist jedoch Teil des bürgerlichen Mutterideals und erst mit diesem und in seiner Folge entstanden. Das war im 18. und 19. Jahrhundert und eng verknüpft mit dem Beginn der Industrialisierung.

Das »Ganze Haus«: niemand war je allein – fast alle waren arm

›Familie‹ ist als Begriff im Mittelalter und in der Neuzeit völlig anders zu verstehen als heute. Unsere modernen Familienvorstellungen beinhalten einen privaten, gesonderten und überwiegend gefühlsbetonten Lebensbereich. Die Familie im Mittelalter war weder etwas abgesondert Privates, noch war dort Platz für ausgeprägte Gefühle zwischen den zusammenlebenden Menschen. Vorstellungen von der freundlichen, idyllischen Großfamilie des ›Ganzen Hauses‹ in früheren Zeiten sind eine Illusion.

Die vorherrschende Familienform des Mittelalters und der Neuzeit bis ins 18. Jahrhundert war in Deutschland die ›Familie des Ganzen Hauses‹: eine Einheit von Produktion, Wiederherstellung der Arbeitskraft und ›Familienleben‹ unter einem Dach. Dies galt für die bäuerlichen ›Familien‹, für die ›Familien‹ des Handwerkerstandes und die der Aristokratie und auch noch für die ›Familien‹ der Ende des 18. Jahrhunderts entstehenden Hausindustrie. Die Produktionsverhältnisse der Gesellschaft waren geprägt von der Notwendigkeit, daß in den allermeisten Fällen alle Mitglieder dieser ›Familien‹ unentgeltlich arbeiten mußten, Kinder und Frauen eingeschlossen. Ein einzelner Mann oder eine einzelne Frau war überlebensnotwendig an den Produktionsprozeß eines ›Hauses‹ gebunden.

Die Bauern›familie‹ lebte extrem abhängig von den Naturgewalten und stellte Nahrungs- und Gebrauchsgüter für den eigenen Bedarf her – bis ins 19. Jahrhundert starkt eingeschränkt und verarmt durch feudale Lasten (Abgaben an die adeligen Grundherren). Das ›Haus‹ setzte sich hier aus Eltern, Kindern und eventuell noch lebenden Großeltern zusammen sowie unverheirateten Verwandten und – je nach Größe des Hofes – dem Gesinde, Knechten und Mägden.[1]

Auch der Handwerkerhaushalt war von der räumlichen Einheit zwischen Produktion und Wohnung geprägt, allerdings waren diese ›Familien‹ stärker abhängig vom Einkommen aus dem Handwerk des Meisters, wenn auch das Landhandwerk zahlenmäßig genauso verbreitet war wie die städtischen Handwerksbetriebe und hier auch Selbstversorgung der ›Familie‹ mit Nahrungsmitteln betrieben wurde. Zum Handwerks-›Haus‹ gehörten überwiegend nur Eltern und Kinder sowie Lehrlinge und Gesellen.

1 Zur Geschichte der Familie in Deutschland habe ich viele Informationen aus dem Buch Formen der Familie von Heidi Rosenbaum entnommen. Dieses Buch ist spannend und ausführlich und empfiehlt sich zum Weiterlesen. Heidi Rosenbaum: Formen der Familie. Frankfurt, 1982.

Das feudale ›Haus‹ war zwar nicht geprägt von Armut und Arbeitszwang für sämtliche ›Familien‹mitglieder, dafür aber auch von einem sozialen Miteinander vieler verwandter und nichtverwandter Leute: Eltern, Kinder, Dienerschaft, Verwandte und Freunde. Das kulturelle und gesellschaftliche Leben dieser Zeit spielte sich in diesen ›Häusern‹ ab. Die Leute waren nie allein, was hier nicht durch Armut und beengte Verhältnisse bestimmt war, sondern durch gesellschaftliche Normen.

Die Struktur der hausindustriellen ›Familie‹ Ende des 18. Jahrhunderts bis ins 19. Jahrhundert nimmt eine Sonderstellung ein. Die Lebensbedingungen dieser Menschen waren gezeichnet von äußerster Not; Kinder und Eltern lebten in ein oder zwei Kammern, in denen auch alle Familienmitglieder in Heimarbeit arbeiteten. Das Prinzip des ›Ganzen Hauses‹ reduzierte sich hier auf die räumliche Einheit von Wohnen und Arbeiten, wobei die Produktionsmittel dem kapitalistischen Verleger, dem ›Arbeitgeber‹ gehörten.

Diese Familienformen vor der Industrialisierung waren abhängig von der gesellschaftlich notwendigen Produktion von Gütern, die in den ›Familien‹ des ›Ganzen Hauses‹ immer in Zusammenhang mit den Wohnstätten der Menschen vor sich ging. Das ›Ganze Haus‹ war Produktionsstätte der eigenen Reproduktionsmittel für die Mitglieder der ›Familie‹ und der oft genug abgehungerten ›Überschüsse‹ für den Handel oder Grundherrn. Diese Familienform war normalerweise gezeichnet von Armut und Zwang zur Arbeit oder – für einige wenige Menschen der höheren Stände – vorrangig der gesellschaftliche Mittelpunkt, in dem man Hof hielt. Eine Trennung von Intimsphäre und Öffentlichkeit, wie wir sie heute kennen, existierte noch nicht. Es bestand weder Platz noch Bedürfnis dafür. Diese Trennung existierte auf sehr verschiedenen Ebenen nicht: Der Flur einer Wohnung oder eines Hauses, durch den die Zimmer unabhängig voneinander betreten werden können, wurde erst im 18. Jahrhundert erfunden. Getrennte Schlafzimmer für die Mitglieder der ›Familie‹ – intime Bereiche – gab es nicht. Öffentliche Gebäude des kulturellen oder politischen Lebens waren ebenfalls fast unbekannt, vor allem waren Örtlichkeiten, in denen ausschließlich gearbeitet wurde und die nur zu diesem Zweck aufgesucht wurden, noch nicht erfunden.

Die Verantwortung für diese ›Familien‹ des Ganzen Hauses hatte der Patriarch, das männliche Oberhaupt des ›Hauses‹ – ob Handwerker, Bauer oder Edelmann. Das ›Haus‹ hatte unter seiner Herrschaft Rechts- und Schutzfunktionen für alle seine Mitglieder. Der Hausherr übte politische Rechte in der Gemeinde stellvertretend für alle Mitglieder der ›Familie‹ aus; er hatte die Hausgewalt und das Züchtigungsrecht über Frauen, Kinder und Gesinde. Der ›Hausvater‹ war Leiter der Arbeitsorganisation und Autoritätsperson für alle ›Familien‹mitglieder, deren Zusammenleben nicht vorrangig von Blutsverwandtschaft, sondern vom gemeinsamen Arbeitszwang und gemeinsamen Wohnen bestimmt wurde.

Die patriarchalische Struktur des ›Ganzen Hauses‹ früherer Familien wird bei einer Übertragung unserer heutigen Familienvorstellungen auf historische Familienformen idealisiert oder unterbewertet. Schwärmereien von der Rückbesinnung auf das frühere, angeblich bessere, Familienleben verschleiern die autoritären Herrschaftsstrukturen, denen diese ›Familien‹ ausgesetzt waren. Es ist sicherlich nicht zufällig, daß die Verklärung der patriarchalischen Großfamilie und die Rückbesinnung auf »bessere Zeiten« fast immer zum Programm antidemokratischer und faschistischer Politik gehören.

Mutterschaft in früheren Zeiten: Gebären und wieder zur Arbeit gehen

Frauen waren notwendige Arbeitskräfte und Gebärerinnen der neuen Arbeitskräfte bzw. der Erben. Sie waren Mitarbeiterinnen des ›Hauses‹ und unterstanden dem Hausherrn; sie unterbrachen ihre Arbeit nur für das Wochenbett.

Für das Arbeitsfeld ›Kindererziehung‹ bestand weder eine Notwendigkeit noch eine Möglichkeit. Die Frauen waren überlastet mit Arbeit, die das Überleben der ›Familie‹ erforderte. Frauen machten auch ›Männerarbeit‹, vor allem im Bauern›haus‹; und nach der gemeinsamen Feldarbeit hatten sie noch die Küchen- und Hausarbeit zu leisten. Die Doppelbelastung der Frauen hat eine lange Geschichte...

Die Ehefrauen der Handwerker übten Handlangerdienste und Hilfstätigkeiten aus, da ihnen die Ausübung der Meisterarbeit in den meisten Fällen aufgrund der Zunftgesetze untersagt war. Sie übernahmen allerdings oft den Verkauf der hergestellten Waren oder die Produktion von Nahrungsmitteln für die ›Familie‹.

Mutterschaft war im Mittelalter und in der Neuzeit nicht die Erfüllung des Frauenlebens, sondern eine Dienstleistung der Ehefrauen ihren Herren gegenüber. Die biologische Mutterschaft war außerdem mit den undurchschaubaren Gefahren der Geburt verbunden.[1] Die soziale Mut-

1 Die Betonung liegt hier auf ›undurchschaubar‹, weil es meiner Meinung nach fraglich und undiskutiert ist, inwieweit die früher zweifellos höhere Müttersterblichkeit wirklich in erster Linie durch medizinische Errungenschaften gesenkt werden konnte, wie es üblicherweise dargestellt wird. Immerhin war dies u. a. ein Argument der Hexenverfolger und für die Durchsetzung des Ärztewesens auf dem Gebiet der Geburtshilfe. Denkbar halte ich eine Annahme von größeren Geburtsgefahren, die im Zusammenhang mit einer allgemein niedrigen Lebenserwartung und gesundheitlicher Schwächung durch Armut und Überarbeitung standen.

terschaft endete allerdings sehr viel eher als heute. Die Verantwortung – Alleinverantwortung gab es sowieso kaum – war mit dem Abschluß des Stillens beendet, oft auch schon früher. Die Aufsicht und ›Erziehung‹ der kleinen Kinder übernahmen Geschwister, Altenteile (alte Mitglieder des ›Hauses‹), Gesinde, Lehrlinge, Dienstboten und Ammen. Das Erziehungsrecht, vorrangig ein Züchtigungsrecht und Lehrrecht, oblag dem Hausherrn. Insbesondere die Söhne waren dem Verantwortungsbereich der Frauen völlig entzogen.

Die Kindersterblichkeit war sehr hoch. Frauen gebaren zwar öfter als heute, aber nur ein Teil der Kinder überlebte. Mindestens ein Viertel aller geborenen Kinder starb im ersten Lebensjahr. Im Durchschnitt wuchsen nur zwei bis drei, manchmal auch vier Kinder in einer ›Großfamilie‹ auf.

Diese hohe Kindersterblichkeit wurde lange als Ursache dafür gesehen, daß die Mütter früherer Zeiten offensichtlich ein anderes Verhältnis zu ihren Kindern hatten, als wir es heute als ›normal‹ empfinden. Verschiedene neuere Forschungen beschreiben eine für unsere Vorstellungen befremdende Lieblosigkeit und Gleichgültigkeit der Mütter des Mittelalters und der früheren Neuzeit gegenüber den kleinen Kindern, ein Fehlen dessen, was wir heute als **Mutterliebe** verstehen.[1] Auch wenn sich diese Untersuchungen vorwiegend auf französische Quellen stützen, können ihre Ergebnisse wahrscheinlich auf Deutschland übertragen werden: Die wichtigste Ursache für die Säuglings- und Kindersterblichkeit wird **im** Verhalten der Mütter gesehen. Es wird unterstellt, daß den Müttern gesellschaftlich – unausgesprochen – auferlegt wurde, zwar für Nachwuchs zu sorgen, aber eben auch nicht zu viele unnötige Esser am Leben zu erhalten. Diese Argumentation könnte auch erklären, daß gerade auch in ärmeren Schichten und Gegenden immer wieder das Nichtstillen von Säuglingen verbreitet war, obgleich dies Lebensgefahr für die Kinder bedeutete. Dieses Nichtstillen (und andere Verhaltensweisen im Umgang mit Babys) könnte eine Art nachgeburtlicher Familienplanung gewesen sein. Selbst wenn man dieser Argumentation nicht folgen mag und die Realität der Säuglingssterblichkeit ursächlich für eine gefühlsmäßige Distanz zwischen Mutter und Kind verantwortlich macht, bleibt als Anforderung für die Mütter dieser Zeit bestehen, daß sie ›normalerweise‹ in der Lage gewesen sein müssen, den Verlust von Kindern ohne tiefere Trauer und als in großem Umfang zu erwartende Perspektive hinzunehmen.

1 Edward Shorter: Die Geburt der modernen Familie. Reinbek bei Hamburg 1977.
Elisabeth Badinter: Die Mutterliebe. München 1981.
Elisabeth Badinter schreibt einfühlsam und spannend die Geschichte des Gefühls ›Mutterliebe‹ als ein Gefühl, das gesellschaftlich veränderbar erlebt und gelebt wird.

Kindererziehung im ›Ganzen Haus‹: Arbeit und Prügel

Genau wie ›Familie‹ bedeutet ›Kindheit‹ im Mittelalter bis in die Neuzeit etwas völlig anderes als heute.

Nach einer kurzen Zeit der ›Verhätschelung am Gängelband‹, in der das kleine Kind eher als Spielzeug und Narr für die Erwachsenen angesehen wurde, begann für Kinder spätestens im Alter von sechs bis sieben Jahren eine Lehrzeit oder die Verpflichtung zu arbeiten. Diese Lehrzeit wurde sehr oft in einem anderen ›Haus‹ zugebracht als dem der biologischen Eltern. Kinderkleidung und Kinderspielzeug waren unbekannt. Kinder teilten die Arbeit – und die Spiele – mit den Erwachsenen. ›Erziehung‹ fand statt im Zusammenleben und Zusammenarbeiten zwischen Kindern und Erwachsenen.[1]

Kinder hatten im ›Ganzen Haus‹ des Bauernstandes vor allem die Funktion, potentielle Arbeitskräfte zu sein – billiger als Gesinde. Diese Einstellung zu Kindern findet sich auch noch im Heimarbeiterhaushalt des Frühkapitalismus, in dem Kinder im Alter von vier bis fünf Jahren bereits vollwertige Arbeitskräfte sein mußten. Der materielle Zwang, Kinder als Arbeitskräfte zu gebären, wird für den Handwerkerstand als etwas abgemildert beschrieben: Die Handwerksarbeit war oft zu spezialisiert, um früheste Kinderarbeit in größerem Umfang zuzulassen. Es bestand normalerweise nur für einen Sohn die Chance, das väterliche Meisterhandwerk zu erlernen im Hinblick auf die Übernahme des ›Hauses‹. Die anderen Söhne zogen auf Wanderschaft und mußten als Lehrlinge und Gesellen anderer Meister ›ihr Glück‹ finden.

Übereinstimmend läßt sich feststellen, daß Kinder für die ›Familie‹ des ›Ganzen Hauses‹ lebensnotwendig waren, weil sie als Arbeitskraft gebraucht wurden und im Rahmen des patriarchalischen Erbrechts das ›Haus‹ weiterführen mußten. Dabei ist zu beachten, daß hier fast ausschließlich die Söhne gemeint sind, und auch, daß für diese Söhne ein Überwechseln in einen höheren Stand so gut wie unmöglich war. Vor allem aber waren die materiellen Lebensbedingungen der niedrigen Stände so schlecht, daß **zu viele** Kinder die Überlebenschancen der ganzen ›Familie‹ bedrohten. Kinder wurden verstoßen und ausgesetzt oder regelrecht gehandelt: Wer es sich leisten konnte, gab die für die Produktion im eigenen ›Haus‹ unnötigen Söhne im heutigen Schulalter in die Lehre zu anderen Leuten und mußte dafür bezahlen. Kinder waren Verdienstquelle für die Lehrherren und in dieser Lehre einer unsäglichen Ausbeutung und Ausnutzung unterworfen. Der Lehrherr oder ›Haus-

1 Zur Geschichte der Kindheit habe ich viele Informationen aus der Studie von Philippe Ariès entnommen:
Philippe Ariès: Geschichte der Kindheit. München und Wien, 1975.

vater‹ hatte die völlige Gewalt über das größere Kind. Söhne wurden streng gezüchtigt; viele Krüppel des Mittelalters sind durch Schläge, Folter und zu schwere Arbeit in der ›Familie‹ entstanden. Töchter wurden möglichst früh verheiratet, im Mittelalter waren Ehefrauen oft 13 oder 14 Jahre alt.

Methoden der Kleinkinderaufzucht dieser Zeit waren u. a.: verbreitetes Nichtstillen ohne die Alternative ungefährlicher Ersatznahrungen; ›Steckkissen‹, in denen mittels Schnüren und Binden der Bewegungsdrang bis zu zweijähriger Kinder eingedämmt werden sollte; Wiegen und Schaukeln bis zur Ohnmächtigkeit; Alleinlassen über die Zeit des Arbeitstages; Betäuben mit Opium und Alkohol; Aussetzen und Kindestötung nach der Geburt.

Eine Übertragung oder ›Verortung‹ unserer heutigen Kindheitsbegriffe und -vorstellungen ist unter diesen Umständen völlig idealistisch. Die Zeit der ›Kindheit‹ in Mittelalter und Neuzeit ist darauf ausgerichtet gewesen, ›die Spreu vom Weizen zu trennen‹: die Kinder, die diese Torturen überlebten, zu Arbeitskräften zu drillen.

Ein moralischer Vorwurf an diese gesellschaftlichen Normen wäre ebenfalls eine Verortung unserer Bedingungen heute: Lebensbedrohende Armut, Hungersnöte und Standesunterschiede prägten das gesellschaftliche Zusammenleben der Menschen dieser Zeit und nicht die Idylle eines freiwilligen Zusammenschlusses in einer Familie, in dem sich jedes Individuum entfalten kann. Es ist fraglich, ob es eine solche idyllische Familie je gegeben hat.

Die Trennung von Arbeitsstelle und Wohnung – Geburt der modernen Familie

Erstaunlicherweise gilt die Industrialisierung im allgemeinen als eine Entwicklung, die den Niedergang der Familie heraufbeschworen habe. Das Gegenteil trifft eher zu: Die entscheidenden Veränderungen der Familienstrukturen ergaben sich zwar durch die Industrialisierung, aber eher in der Weise, daß die Familie im heute verstandenen Sinne erst entstehen konnte.

Die Abtrennung des Arbeitsprozesses in Hauptbereichen der Warenproduktion bedeutete eine Funktionsentlastung der ›Familie‹ des ›Ganzen Hauses‹. Das war die Basis für eine Welle von Emanzipationsprozessen, die für unser Leben heute selbstverständlich erscheinen: Der Patriarch, ob Hausvater des Handwerksbetriebes oder adeliger Hausherr, wurde vieler seiner Rechts- und Schutzfunktionen als Oberhaupt der ›Familie‹ und des Arbeitsprozesses beraubt. Durch die Zunahme der unselbständigen Erwerbstätigkeit erhielten die ›Familien‹angehörigen –

hier sind vor allem abhängig und unentgeltlich arbeitende Verwandte, Kinder und Gesinde gemeint – die Möglichkeit zu eigenem Verdienst. Bisher hausrechtlich Abhängige wurden ›frei‹, z. B. in der Frage der Eheschließung, und die Bedeutung des väterlichen Erbes nahm ab.

Die alte ›Familie‹, gegründet auf der Erhaltung des ›Hauses‹ durch gemeinsame Ausübung der Arbeit, war überholt, als der individuelle Weg des einzelnen Menschen, seine Arbeitskraft zu verkaufen, möglich wurde. Der aufblühende Kapitalismus brauchte viele ›freie‹ Lohnarbeiter, die nicht ortsgebunden oder einem ›Familienverband‹ verpflichtet waren. Die neuen Familien sollten nicht mehr Selbstversorger sein, in welch elender Form auch immer, sondern sollten die Gesellschaft mit Arbeitskräften und in zunehmendem Maße mit Konsumenten versorgen. Diese Entwicklung reicht bis in unser Jahrhundert hinein.

Die **Proletarierfamilie** war gekennzeichnet von Männer-, Frauen- und Kinderarbeit in der Fabrik und großem Elend. Arbeit und Elend waren nichts Neues für Menschen, die auch in früheren Zeiten des ›Ganzen Hauses‹ am Hungertuch nagen mußten. Kinder- und Frauenarbeit in den Fabriken waren nur insofern etwas Neues für die armen Leute, als sie nun außerhalb des ›Hauses‹ stattfand. Die Entstehung der Arbeiterfamilie, die ›außer Haus‹ arbeiten ging, bedeutete dennoch eine ideologische Emanzipation aus den traditionellen, vorbestimmten Produktionsprozessen und Bedingungen der Gemeinschaften des ›Ganzen Hauses‹ mit ihren streng patriarchalischen und moralischen Ketten – auch wenn viele dieser Bedingungen vorübergehend oder längerfristig übernommen wurden oder einen Einfluß behielten, wie es beispielsweise in den unterschiedlichen Löhnen zwischen Männern und Frauen oder in der Bezeichnung ›Arbeitgeber‹ für den Kapitalisten deutlich wird.

Zahlenmäßig in viel kleinerem Umfang, aber als ideologisches Leitbild und mit mehr politischem Einfluß als dem der Proletarierfamilie, entstand die **bürgerliche Familie.** Hier ergab sich durch die Trennung zwischen Arbeits- und Wohnstätte für die Männer – ohne zwangsläufiges Elend – auch für die Frauen eine neue Situation: Ihre Aufgaben veränderten sich von der ehemals in die patriarchalisch bestimmte Arbeitsteilung des ›Ganzen Hauses‹ integrierten Hausfrau/Hausmutter zur ›Nur-Hausfrau‹, die keine Aufgaben in der Außenwelt wahrnahm. Sie war ausgeschlossen von der beruflichen und politischen Lebenswelt des Mannes, die sie als Hauswirtin und Mitarbeiterin des ›Ganzen Hauses‹ wenigstens stückweise miterlebt hatte. Als Gegenpol zur beruflichen Männerwelt entstand die Frauenwelt der ›Hausfrau und Mutter‹, die sich auf die Pflege des Haushalts – oft der Beaufsichtigung von Dienstpersonal – und die Aufzucht der Kinder konzentrieren konnte. Die drei großen »K's« – Kinder, Küche und Kirche – wurden zu ihrem Lebensinhalt.

Eine wichtige Aufgabe der Frau in der bürgerlichen Familie wurde die Verwaltung des Konsums, die Gestaltung der nun entstehenden ›Häuslichkeit‹ und Gemütlichkeit. Durch ihre materielle Abhängigkeit vom außerhäuslichen Beruf des Ehemannes ergab sich aber eine Verschärfung der untergeordneten und unselbständigen Stellung der Hausfrau. Die Folge der – im Gegensatz zur außerhäuslichen ›Erwerbs‹tätigkeit – unbezahlten Hausarbeit, war unter anderem die Entstehung der Verachtung dieser Arbeit. Die Folge der gleichzeitig entstehenden bürgerlichen Berufe, die geistige und nicht-körperliche Arbeit im Gegensatz zu früher gut entlohnten, war unter anderem die Verachtung der körperlich schweren Arbeit. In der bürgerlichen Familie wurden gesellschaftliche Normen entwickelt, die früher den höfischen Ständen vorbehalten gewesen waren: Standesdünkel, Verachtung des Dienstpersonals, Berufslosigkeit der Töchter – von Hausarbeit aus Liebe war damals noch nicht die Rede.

Die Industrie braucht Arbeiter – der Staat braucht Kinder

Ironischerweise war es gerade die Industrialisierung, die das Augenmerk der Gesellschaft auf die Kindheit richtete: die Fabriken, das Vaterland, der Staat – sie brauchten Menschen.

Die menschliche Arbeitskraft wurde zu einer wertvollen Ware, die das, was sie produzieren konnte, nicht vollständig oder größtenteils zu ihrer Reproduktion wieder verbrauchte, sondern in einer neuen Qualität ausgenutzt werden konnte. Viele Menschen: das hieß nun nicht mehr vorrangig viele Esser, sondern vor allem viele Produzenten von Reichtümern und Mehrwert und – als Soldaten – Garanten für die militärische Macht. Dies waren selbstverständlich gesamtgesellschaftliche Interessen, die sich nicht sofort auf die Lebensbedingungen der armen Leute, der Proletarier, auswirkten. Arme Familien lebten nach wie vor am Existenzminimum und schickten nun ihre Kinder in die Fabrik arbeiten, statt sie im ›Haus‹ dazu zu zwingen.

Dem entstehenden gesamtgesellschaftlichen Interesse an einem kinderreichen Volk widersprach die Realität der hohen Kindersterblichkeit. Der Staat begann, sich für die Kinder zu interessieren. Moralisten und Gesellschaftskritiker wandten sich an die Mütter; eine Flut von Erziehungsratgebern und Kinderaufzuchtswerken erschien. Es begann die Zeit der Findelhäuser – und der Mutterliebe.

Mit der Herausbildung der bürgerlichen Klasse änderte sich die Einstellung zur Kindheit – und zum einzelnen Kind. Kinder sollten nun nicht mehr ›fremden‹ Verwandten oder gar professionellen Erziehern, Ammen und Hauslehrern übergeben werden, sondern individuell unter der Aufsicht der Mutter bleiben. Die Zeit der ›guten Kinderstube‹ nahm ihren Anfang, in der im Hinblick auf die neuen individuellen Möglichkeiten, die zumindest theoretisch jedem Bürger offenstanden, der Erziehung, Ausbildung und Entwicklung der kleinen Menschen größere Aufmerksamkeit geschenkt wurde als früher. Kinderkleidung, Kinderspielzeug und Erziehung kamen in Mode, und im 19. Jahrhundert wurden der Weihnachtsmann und der Osterhase erfunden.

Im Bürgertum entstand die Möglichkeit für eine individuelle Abkapselung der Familie von ihrer gesellschaftlichen Umgebung, und das war die Grundlage für eine gefühlsmäßig engere Beziehung zwischen Männern, Frauen und Kindern innerhalb der zurückgezogenen Gruppe der neuen Familie.

Das bürgerliche Idealbild von der Mutter, die sich immer um die Kinder kümmert, konnte sich erst durchsetzen, als es einer größeren Anzahl von Menschen möglich war, ohne materielle Not zu leben. Die bürgerliche Klasse war politisch einflußreich und relativ groß – zum Ende des 19. Jahrhunderts gehörten ihr immerhin etwa 10 Prozent des Volkes an.

Die Mutter macht's möglich

Entscheidendes hatte sich geändert. Zumindest theoretisch hatte nun jeder (Bürger-)Mensch die Möglichkeit, gesellschaftlich ›aufzusteigen‹, und diese Möglichkeit konnte mittels Bildung und Erziehung vergrößert werden und war nicht mehr allein schon durch die Zugehörigkeit zu einem Stand bei der Geburt abhängig.

Die Bedeutung der sozialen Mutterschaft änderte sich auf dieser Grundlage radikal. Zwar hatten bürgerliche Frauen auch die Möglichkeit, sich zu bilden, zu lesen oder sich außerhalb des Haushalts – eingeschränkt – sozialen und sozialpolitischen Aufgaben zuzuwenden. Ein moralischer Vorwurf an diese Frauen scheint mir allerdings auch hier eine Verortung heutiger selbstverständlicher Möglichkeiten zu sein.

Die Frauen der bürgerlichen Klasse stürzten sich auf die neuen Aufgaben, die ihnen das bürgerliche Mutterideal stellte, denn es war – traditionell gesehen – ein scheinbarer Fortschritt, was ihnen da aufgebürdet wurde. Nicht mehr nur die ›animalische Funktion des Gebärens‹ wurde ihnen mehr abverlangt; es wurde ihnen zugestanden, Söhne zu erziehen, Christenmenschen, Bürger, Männer. Die Kinder (vor allem die Söhne) waren zu einem Wert geworden, die sie nicht mehr nur gebären konnten, sondern über die sie sich – vermittelt über die ›Mutterliebe‹ – scheinbar verwirklichen konnten. Das war verlockend. Denn in alten Zeiten war es ja der Patriarch gewesen, das männliche Familienoberhaupt, der die Verantwortung für alle, einschließlich der Kinder, gehabt hatte. Dessen Hauptaufgaben lagen nun außer Haus, und in bezug auf die Kinder nahm er sie höchstens in Form von Kontrolle oder Strafe wahr, wie es den Traditionen entsprach. Nun sollten die Frauen für einen gesonderten Bereich Verantwortung tragen und unersetzlich werden: für die Kindererziehung. »Mit Freude übernahmen sie die entsetzliche Bürde«, beschreibt Elisabeth Badinter die psychologische Wirksamkeit des Mutterideals in der entstehenden bürgerlichen Gesellschaft Frankreichs. »Unbewußt ahnten einige der Frauen, daß sie, falls sie diese für die Gesellschaft notwendige Familienarbeit erbrachten, eine beträchtliche Bedeutung erlangen würden, welche die meisten von ihnen nie gekannt hatten. Sie glaubten an die Versprechungen und dachten, Anrecht auf die Achtung der Männer, Anerkennung ihrer Nützlichkeit und ihrer Eigenart zu erlangen. Endlich eine notwendige und edle Aufgabe, die der Mann nicht übernehmen konnte oder wollte! Eine Pflicht zudem, welche die Quelle menschlichen Glücks sein sollte...«[1]

Die Frauen haben, historisch gesehen, ihre Möglichkeiten zur Emanzipation in dieser Zeit nicht wahrgenommen. Allerdings ist das verständlich. Das traditionelle Leben der Frau war gekennzeichnet gewesen von Arbeit, Armut und Gebären, sieht man von den adeligen Damen ab, die nur einen kleinsten Bruchteil der Gesellschaft ausmachten. Die Bürgersfrauen begnügten sich nun mit der Rolle der idealen Ehefrau und Mutter, was man zynisch auch als Realismus einschätzen könnte. Es w a r wahrscheinlich noch eher möglich, sich über den Sohn und dessen Möglichkeiten zu identifizieren und erfolgreich zu sein, als den Versuch zu wagen, in einer traditionell offen patriarchalisch organisierten Gesellschaft auf dem Frauenwahlrecht zu bestehen und einen Beruf zu ergreifen.

Wie tief traditionelle Vorstellungen, verbunden mit dem neuen Ideal der Alleinverantwortung der Frau für Haushalt u n d Kindererziehung, verwurzelt waren, verdeutlicht ein Artikel Hedwig Dohms, einer radikalen Frauenrechtlerin der ersten Frauenbewegung, in dem sie zwar Mutterschaft und Berufstätigkeit als vereinbar verteidigt, die grundsätzliche Verantwortung der Frauen für Haushaltsführung und Kinderaufzucht aber nicht in Frage stellt. »Alle Achtung aber auch den anderen Frauen, die in einer außerhäuslichen Tätigkeit den Schwerpunkt ihres

1 Elisabeth Badinter: Die Mutterliebe. München 1981

Seins suchen und finden. Hat doch schon Christus neben Martha auch Maria gelten lassen ... Freilich läge der Maria die Pflicht ob, geeignete Hilfsgeister für den Haushalt zu wählen ...«[1]

Allerdings ist das bürgerliche Mutterideal nur in der Zeit, in der es entstand, eine neue und scheinbar veränderte Lebensform gewesen. Sehr bald stellte sich heraus, daß die ›ideale Mutter‹ mittels der ›Mutterliebe‹, wie es positiv benannt und erlebt wurde, vor allem aber mit der Konzentration ihres eigenen Daseins auf das Kind das Bestehende und Traditionelle aufrechterhält.

Der Sieg des neuen Familienleitbildes

Zur Jahrhundertwende waren bereits über zwanzig Prozent aller Beschäftigten in der deutschen Volkswirtschaft Arbeiter oder Arbeiterinnen. Die proletarischen Familien lebten in Not und Elend, in schlechten Wohnverhältnissen und waren gezwungen, alle Familienmitglieder – einschließlich der Kinder ab 6 bis 8 Jahren – zur Arbeit zu schicken. Die Trennung von Arbeitsplatz und Wohnstätte bildete die einzige äußere Ähnlichkeit mit der bürgerlichen Familienstruktur. Gegen Ende des 19. Jahrhunderts waren 30 Prozent der Fabrikarbeiterinnen verheiratet, lebten also in einer ›modernen‹ Familie. Die Frauen- und Kinderarbeit war abhängig vom niedrigen Verdienst der Männer, der oft nicht ausreichte, um die Lebenskosten einer Familie zu decken. Traditionell war die Mitarbeit der Frauen in den ärmeren Gesellschaftsschichten üblich gewesen – traditionell war es auch üblich, sie geringer zu bewerten als Männerarbeit. Die weibliche Erwerbstätigkeit in der Fabrik oder als Heimarbeiterin, Wäscherin oder Putzfrau war deshalb für diese Frauen nicht unbedingt ein erster Schritt zu politischem oder gesellschaftlichem Selbstbewußtsein. Aus Not und Hunger gingen viele der Frauen außerhäuslich arbeiten.

Bei einem zwölfstündigen Arbeitstag und der anschließenden oder zwischendurch zu verrichtenden Hausarbeit für die Familie blieb selbstverständlich keine Zeit für ein Umdenken in der Frage der Kindererziehung, wie es in der bürgerlichen Familie dieser Zeit vollzogen wurde. Eine individuelle Abkapselung der ›Privatsphäre Familie‹ war wegen der beengten Wohnverhältnisse nicht möglich: mehrere Familien teilten sich gewöhnlich eine Wohnung, oder es wurden Untermieter und Schlafgänger aufgenommen, um die Miete bezahlbar zu machen. Von

1 Hedwig Dohm: Sind Mutterschaft und Hausfrauentum vereinbar mit Berufstätigkeit? (1903). Zitiert nach: Hrsg. Gisela Brinker-Gabler: Frauenarbeit und Beruf. Frankfurt 1979.

einer Konzentration der Mutter auf das Kind konnte unter diesen Verhältnissen keine Rede sein. Es war weder die Zeit noch die materielle Basis dafür da.

Die Einstellung zum Kind und damit zur Mutterschaft konnte sich erst ändern, als die materiellen Bedingungen für die Arbeiterfamilien verbessert wurden. Sie wurden im Sinne des bürgerlichen Einflusses verändert, was den gesellschaftlichen Machtverhältnissen und Bedürfnissen des aufstrebenden Kapitalismus entsprach. Staatliche Institutionen und Wohlfahrtsbehörden begannen, soziale Kontrolle auf die Proletarierfamilien auszuüben, als es Ende des 19. Jahrhunderts zu einem Rückgang der Geburten in Deutschland kam. Die Arbeiterfrauen wurden moralisch unter Druck gesetzt, sich dem bürgerlichen Familienideal anzupassen, besser zu ›haushalten‹ und sich um ihre Kinder zu sorgen und zu kümmern.

Verständlicherweise fiel dieses Ideal, wie es die Bürgersfrauen leben **konnten,** auf fruchtbaren Boden bei den Proletarierinnen; es war ein Ideal, das dem Elend der proletarischen Mutterschaft einen sichtbareren (wenn auch oft uneinlösbaren) Ausweg anbot als die Forderungen nach institutioneller Kindererziehung und berufstätigen Müttern. Clara Zetkin schrieb 1889: »Die Thätigkeit der Frau ward von einer **ersparenden** zu einer **erwerbenden,** die Frau selbst erhielt damit die Fähigkeit, auch **ohne** den Mann zu leben, sie gab der Frau zum ersten Male die Fähigkeit zu einem vollständig selbständigen Leben.«[1] Diese Einschätzung war gesellschaftlich gesehen sicherlich richtig, entsprach aber nicht der persönlich erlebten Realität der Arbeiterinnen. Der Sieg des bürgerlichen Mutterideals ist nur zu verstehen im Zusammenhang mit unfreiwilliger Erwerbstätigkeit und Überlastung der Frauen, die das heutige Maß noch weit übertrifft.

Die Traumvorstellung von der sorglosen, nicht arbeitenden Hausfrau, die sich nur ihren Kindern widmet – einige Dienstboten im Hintergrund – ist heute noch lebendig bei den vielen Frauen, die aus materiellen Gründen arbeiten müssen und irgendwie spüren, daß sie zu nichts kommen und nichts ganz machen können. Allerdings hat das Ideal der bürgerlichen Familie, wie wir es heute noch kennen, sehr wenig mit gelebter Realität zu tun. Es setzt voraus, daß genug Geld zum Leben und ›Haushalten‹ da ist, es setzt eventuell ein ›Mädchen‹ für die Küche voraus (sage mir keiner, daß Geschirrspülmaschinen das ersetzen!), und es setzt eine Anerkennung – gesellschaftlich und individuell – für die Arbeit mit den Kindern voraus. Ist alles das erfüllt,

1 Clara Zetkin: Die Arbeiterinnen- und Frauenfrage der Gegenwart (1889). Zitiert nach: Hrsg. Gisela Brinker-Gabler: Frauenarbeit und Beruf. Frankfurt 1979.

bleiben immer noch viele Fragen offen, zum Beispiel die, ob es sinnvoll ist, Mutter und Kind – per Liebe und Arbeit – so aneinander zu ketten, daß beide ihr Leben lang daran zu messen sind.

III. Laßt uns Neues ausprobieren

Hänschen klein
geht allein
in die weite Welt hinein.
Stock und Hut
steh'n ihm gut –
ist gar wohlgemut.
Und die Mutter freut sich sehr,
denn ihr Hänschen fährt an's Meer.
Und sie lacht:
Mit Bedacht
hat sie ihn so fit gemacht.

Moden, Konjunktur und die Veränderbarkeit eines Gefühls

Mutterliebe gilt bei uns als ein ›natürliches‹ Gefühl, als Trieb, dessen Erfüllung Mutter und Kind glücklich macht. Mutterliebe wird als Begründung herangezogen, um die soziale Mutterschaft, das Kinderaufziehen den Frauen zuzuweisen.

Erstaunlicherweise läßt sich gerade am Verhalten der Mütter selbst ablesen, wie wenig dieses ›biologisch geprägt‹ und vorbestimmt ist. Wenn Mutterliebe ein Trieb wäre, sollte man davon ausgehen können, daß Moden, Schwankungen und gesellschaftliche Bedürfnisse nicht diese extremen Auswirkungen auf ihre jeweils moderne Erscheinungsform haben sollten, wie es zu beobachten ist.

Es waren gerade die Mütter, die ihre Mutterliebe so verschieden gestalteten: Stillen oder Nichtstillen, Turteln, Verwöhnen, Schreienlassen und Abhärten, Herumtragen und Abgeben. Ohne Wertung sollte versucht werden, die sehr gegensätzlichen ›mutterlieben‹ Verhaltensweisen als Beweis dafür zu nehmen, daß Mutterliebe kein Instinkt sein **kann.** Es waren Mütter, die Kanonenfutter für die Kriege produzierten und mit stolzer Trauer ihre Söhne an der Front verloren. Frauen sind und waren bereit, sich mit gesellschaftlichen Bedingungen abzufinden oder zu arrangieren, nicht besser und nicht schlimmer als Männer, aber wohl nicht mit einem Instinkt gesegnet, der das Überleben und Leben der Kinder über gesellschaftliche Normen stellt.

Auch das Idealbild der von den Interessen des Kindes bestimmten und handelnden Mutter war und ist in seinen Details sehr veränderbar: Die Entwicklung der Frauenerwerbstätigkeit in diesem Jahrhundert zeigt sich in keiner Weise abhängig von einem natürlichen Bedürfnis oder Instinkt der Zuwendung zu Kindern. Man sollte davon ausgehen können, daß Stillen und Liebe für kleine Menschen in ihrer Wichtigkeit zunehmen, je schlechter die Zeiten sind, wenn die psychologischen Erklärungen der Mutter-Kind-Bindungen stimmig sein wollen. Es läßt sich aber gerade für Kriegs- und Krisenzeiten allein ein Zusammenhang zwischen weiblicher Erwerbstätigkeit und staatspolitischen Erfordernissen, einschließlich derer jeweiligen familienpolitischen Begründungen, beobachten, die es fertigbrachten, innerhalb sehr kurzer Zeitspannen sehr gegensätzliches Verhalten der Mütter durchzusetzen. Die Mütter kümmerten sich in und nach den Kriegen nicht **mehr,** sondern **weniger** um ihre Säuglinge, weil sie von der Gesellschaft Aufgaben im außerhäuslichen Bereich auferlegt bekamen. Augenfällig im Faschismus wandelte sich das Idealbild der Mutter innerhalb von fünf Jahren von der »natürlichen Bestimmung, schön zu sein und Kinder in die Welt zu setzen wie ein Vogelweibchen« (Goebbels), sehr schnell zu dem der erwerbstätigen Ehefrau, die an der Heimatfront Granaten produzierte und im Arbeitsdienst sein mußte. Die Trümmerfrauen der Nachkriegszeit schleppten Steine und keine Babys. Erst, als die Männer aus der Gefangenschaft zurückkamen und Arbeitsplätze rar wurden, tauchte das Problem der Schlüsselkinder auf, die nach Mutti und ihrer Liebe zu Hause riefen.

Ein weiteres Indiz gegen das Vorhandensein eines Triebs der Mutterliebe scheint mir der Umgang mit dem Stillen zu sein. Zweifellos ist es das nächstliegende und natürlichste Mittel zur Ernährung von Babys, da Frauen Milchdrüsen haben. Wenn die Gelegenheit sich ergab, haben die Frauen sich aber vor dem Stillen gedrückt und waren nur mittels Versprechungen und Drohungen bereit, diese ›natürliche Mutterpflicht‹ einzusehen. Erklärungsversuche, die Moden des Nichtstillens mit der gesellschaftlichen Verachtung des Stillens und eigenen Körperfremdheit allein begründen zu wollen, halte ich nicht für ausreichend, da ähnliches auch auf die Einstellung zur Schwangerschaft zutraf und nie in einem solchen Umfang zu einer Verweigerung des Schwangerwerdens geführt hat.

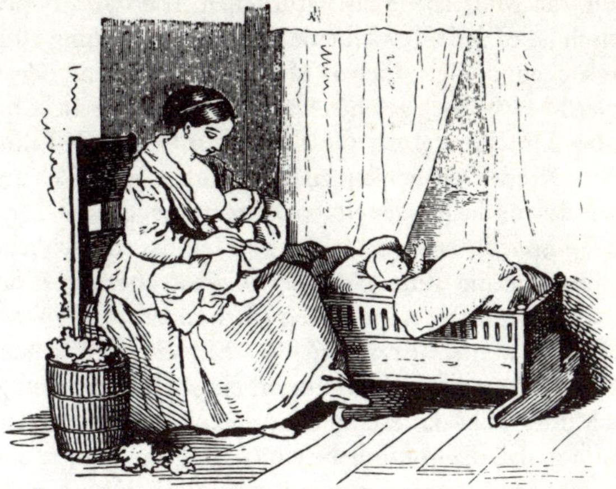

Das Verhalten der Mütter über einen längeren Zeitraum der Geschichte bis heute deutet darauf hin, daß Mutterliebe im Sinne eines von der Natur vorgegebenen Gefühls, wie es das bürgerliche Mutterideal behauptet, nicht existiert. Es ist ein sehr veränderbares Gefühl, sehr verschieden ausgeprägt und vor allem beeinflußt von medizinischer und psychologischer ›Aufklärung‹ und von der Bereitschaft der Frauen, dem Idealbild der jeweiligen Gesellschaft zu entsprechen. Menschliche Kinder sind anscheinend – als Gruppe – recht gut in der Lage, diese Veränderungen ohne einschneidende Auswirkungen anzunehmen, sonst wäre die Menschheit zumindest in unserem Kulturkreis bereits ausgestorben.

Vielleicht ist die Mutterliebe deshalb so schwer greifbar, weil sie ein Phantom ist. Vielleicht ist sie ein Gefühl, das nur als verlangte Norm existiert, die das Problem der Kinderaufzucht gesellschaftlich lösen soll und Frauen in Schuldgefühle stürzt, wenn sie individuell nicht dazu in der Lage sind, es automatisch und triebhaft zu empfinden.

Brauchen Kinder Mutterliebe? Zweifellos brauchen kleine Kinder Zuwendung, Nahrung und Zärtlichkeit; zweifellos brauchen Kinder (und Erwachsene) Anerkennung und Entfaltungsmöglichkeiten in einer sozialen Gemeinschaft. Niemand wird ernsthaft Zustände aus der menschlichen Vergangenheit zurückholen wollen, in denen es aufgrund der sozialen Umstände so wenig möglich war, diese Zuwendung zu geben, daß eine erhebliche Anzahl der Kinder starb.

Problematisch erscheint es mir aber, in einem Atemzug die Entstehung oder Erfindung der Mutterliebe mit der Überwindung der hohen Säuglingssterblichkeit zu nennen, wie es einige Autoren[1] in der guten Absicht tun, die Mutterliebe als natürlichen Trieb zurückzuweisen. Problematisch ist es deshalb, weil eine solche Verknüpfung zu moralischen Vergleichen drängt: Lieber Mutterliebe ›opfern‹ oder lieber Kinder ›opfern‹? Historisch gesehen war die Mutterliebe nicht mehr als **ein** mögliches Druckmittel der Gesellschaft auf einen Teil ihrer Mitglieder, um die Kindersterblichkeit zu überwinden. Moralisch und ganz materiell war das für die Kinder ein Fortschritt. Fraglich ist aber, ob ein Druckmittel ausreicht, einen so wichtigen Teil des menschlichen Zusammenlebens, wie die Versorgung der Kinder, über einen längeren Zeitraum – immerhin schon im dritten Jahrhundert – zu lösen. In unserer Gesellschaft werden ›Erziehung‹ der Kinder, erdrückende Liebe und Alleinbestimmungsrecht der Eltern, eingeschlossen eine gewisse Macht der Mutter über das kleine Kind, geduldet und gefordert. Das weist darauf hin, daß die Mutterliebe ein Gefühl ist, das nicht im Interesse der Kinder propagiert und zum Maßstab erhoben wird, auch wenn dies behauptet wird, sondern sich grundlegend stützt auf die Rechtlosigkeit der Kinder.

Ein weiterer wichtiger Aspekt, der die soziale Mutterschaft heute so zwingend in die Verantwortung der Frauen legt, ist der wirtschaftliche und bevölkerungspolitische Zusammenhang. Solange die Frauen für die lange Zeitspanne der ›Kindheit‹ ihres Nachwuchses an ihre Biologie gekettet werden können, sind sie eine Reservearmee für die gesellschaftliche Produktion, die sich – je nach Lage der Nation – ihrer Kinder erinnern muß oder nicht. Die Behauptung einer ›Mutterliebe‹ als Begründung für die Rollenverteilung innerhalb der Gesellschaft dient also eher der Stabilisierung und Erhaltung gesellschaftlicher Machtverhältnisse, als daß den Kindern oder Frauen damit Glückserfahrungen vermittelt werden.

›Mutterliebe‹ ist sehr eng verknüpft mit dem Objekt dieser Liebe: dem ›hilflosen, schwachen, erziehbaren, dummen oder reinen‹ Kind. Diese Kindheitsvorstellungen tauchten erst mit der Entwicklung des bürgerlichen Mutterideals auf. Jemand, der derart hilflos ist, daß er unausweichlich nur Liebe erfahren darf, ist gleichzeitig jemand, der nicht ernstgenommen werden kann und in seiner Autonomie stark einge-

1 vgl.: Elisabeth Badinter: Die Mutterliebe. München 1981. Edward Shorter: Die Geburt der modernen Familie. Reinbek bei Hamburg 1977.

schränkt ist. ›Kindheit‹ hat bei uns diesen Charakter. Mütter und Kinder reiben sich an den Problemen auf, die entstehen, je älter die Kinder werden: wenn das Idealbild nicht mehr mit der Wirklichkeit eines gar nicht so hilflosen Kindes übereinstimmt und Menschen, die nach Entfaltung und Autonomie streben, zu ›Kindern‹ deklassiert werden. ›Mutterliebe‹ ist gleichzeitig Unterdrückung der Kinder. Insofern hat die ideale Mutter das traurige Werk der Gesellschaft zu vollbringen, ihre Kinder bedingungslos zu unterdrücken und zu lieben. Die Pflicht zur Mutterliebe ist ein geeignetes Mittel, Familien und Kinder zu kontrollieren, Autonomie zu verhindern und Menschen zu gefügsamen Wesen zu ›erziehen‹, die mittels Zuckerbrot und Peitsche lernen müssen, daß immer jemand stärker ist als sie selbst.

»Frauen sehnen sich danach . . .«

(Neue Mütterlichkeit in der Frauenbewegung)

»Herbst 1977. Deutscher Herbst. Statt wie bisher ›Lesbe‹, wurde nun schon mal ›Terroristin‹ hinter allzu entschieden auftretenden Frauen hergezischt. Deutscher Herbst. Zeit der RAF-Hysterie und Zeit der ungehemmten Reaktion ... diese Phase nach dem Aufbruch der Frauen war auch die Zeit der nun plötzlich von Medien, Politikern und Wissenschaftlern kräftig verkündeten Weiblichkeit. Über die ›Rückführung‹ der Frauen zu ihrer natürlichen Bestimmung und die ›Aufwertung der Mütter‹ philosophierte die CDU nun wieder öffentlich ... Eine ganze Strömung von Neu-Feministinnen schien sich nun wieder auf ein Von-Natur-aus-anders-Sein zu berufen. Da wurde ›mit dem Körper geschrieben‹, ›aus dem Bauch gehandelt‹ und lieber gefühlt als gedacht – angeblich alles ganz besonders weiblich. Als allererstes manifestierte sich diese Rückkehr zur Weiblichkeit in der Mütterfrage.«[1] So schätzte Alice Schwarzer 1981 die Situation ein.

Der zeitliche Zusammenhang ist nicht zu leugnen. Die beunruhigende Entwicklung innerhalb der Frauenbewegung zu Innerlichkeit und Weiblichkeit – die ›neue Weinerlichkeit‹ – war zweifellos beeinflußt von der politischen Situation und bot individuell und politisch eine Möglichkeit zum Rückzug an. Zwei Aspekte scheinen mir aber noch von zusätzlicher Bedeutung: Für nicht wenige Frauen der Frauenbewegung **mußte** in dieser Zeit die Kinderfrage problematisiert werden, sie mußten entscheiden, ob sie noch ein Kind haben wollen/können oder nicht, denn viele dieser neuen Mütter waren um und über dreißig Jahre alt. Mit etwas Gelassenheit könnte man diesen Frauen zugestehen, daß sie eine individuelle Entscheidung – für eine Schwangerschaft – getroffen haben. Daß nur zu oft diese persönliche Entscheidung in Umkehrung der alten Parole »Das Persönliche ist politisch!« zu einer biologistischen Politik erhoben werden sollte, ist eine andere Sache. Der zweite Aspekt ist die Frage nach dem Kinderwunsch von Frauen überhaupt. Barbara Sichtermann hat die These aufgestellt, daß Kinderwunsch heute unter bestimmten Umständen – denen der individuell relativ freien Entscheidung – zu einem Konfliktstoff neuer Art werden kann, für den eine soziale Moral noch fehlt und der zu einem Teil aus einem sexuellen Wunsch nach Schwangerschaft erklärt werden könnte.[2]

1 Alice Schwarzer: So fing es an! Köln 1981.
2 Barbara Sichtermann: Weiblichkeit. Berlin 1983.

Verlockend an dieser Theorie scheint mir, daß sie eine Erklärung für die Tatsache sein könnte, daß Frauen immer wieder in der Geschichte der Menschheit, auch unter den widersprüchlichsten und entsetzlichsten Bedingungen, schwanger wurden – bis hin zu eben jenen Feministinnen der 70er Jahre, die ja auch trotz der widrigen Bedingungen ein Kind bekamen und von freier Entscheidung träumten. Auch Jutta Berninghausen hält Kinderwunsch für in unserer Gesellschaft tabuisiert und räumt die Möglichkeit ein, daß Frauen durchaus noch andere Gründe für das Eingehen einer Schwangerschaft haben, als sie von der Psychoanalyse mittels der Ersatztheorie oder der gesellschaftlich verlangten Einlösung einer biologischen Pflicht benannt werden.[1] Tabuisierte Gründe für einen Kinderwunsch sind bei uns beispielsweise Egoismus, Narzißmus, die Chance eines ›neuen Anfangs‹, emotionale Abenteuerlust – Gründe, die eher einen Freiheitsgedanken und Autonomiestreben verraten und zum Kinderwunsch des bürgerlichen Mutterideals nicht passen.

Der Rückschritt in der Frauenbewegung wurde deshalb **nicht** angetreten, als Frauen schwanger wurden, sondern dort, wo sie ihre biologische und soziale Mutterschaft zur politischen Theorie erhoben, die getreu dem Vorbild des bürgerlichen Mutterideals Hingabe und Aufopferung propagierte und das mit dem Zuckerguß vom Bessersein der Frauen durch die Mutterschaft verzierte.

Mit dem Stillen begann es. Innerhalb von wenigen Jahren ist es den ›neuen‹ Müttern gelungen, den Spieß umzudrehen und im Gegensatz zur vorher erlebten Stillfeindlichkeit das Stillen zur unabdingbaren Pflicht, zu einer Probe für die gute Mutter, zu machen. Statt in dieser wichtigen Frage Autonomie für die Frauen zu erringen, die beispielsweise in der Möglichkeit verschiedener Säuglingsernährung bestünde und die Väter einbeziehen könnte, wurde das Brustnähren zur stolzen Pflicht erklärt. Ironischerweise in einer Zeit, in der Muttermilch stark umweltbelastet ist, wurde langjähriges Stillen modern. Der Traum von einem anderen Leben mit Kindern pervertierte sich zu Verhaltensweisen, die den Müttern dieser neuen Mütter nur noch Schuldgefühle vermittelten, statt ein neues Ideal. In Übereinstimmung mit der alten Ideologie des bürgerlichen Mutterideals wurde biologistisch argumentiert. »Frauen sehnen sich danach, das, was sie ausmacht und betrifft, zu bekennen und zu leben. Sie wollen nicht nach fremdem Gesetz und Maßstab funktionieren, sich nicht verraten, verlieren im Zwang unmenschlicher, unweiblicher Arbeitsbedingungen: Zeitdruck, Leistungsdrill, Wettbewerb, Anonymität. Frauen werden nichts Wesentliches in

1 Jutta Berninghausen: Der Traum vom Kind – Geburt eines Klischees. Frankfurt 1980.

ihrem Beruf, in der Gesellschaft, für sich selbst und untereinander ändern, solange sie eine Fähigkeit, die ihnen eigen ist, verachten: Leben zu geben und Leben zu lassen.«[1]

Manchmal schien diese Richtung radikal zu sein. Es entstanden die Traumgebilde früherer oder zukünftiger Zeiten, in denen Männer lieber ganz aus dem Gesichtsfeld der Mütter und Kinder verschwinden sollten. Immerhin konnte Leona Siebenschön sogar in der Zeitschrift EMMA, die solche biologistische Politik immer wieder vom feministischen Standpunkt aus zurückwies, im Jahre 1979 in einem ›Plädoyer zur Abschaffung der Väter‹ schreiben: »Ein toter Vater ist Rücksicht in höchster Vollendung.«[2]

Vehement forderte sie das Alleinvertretungs- und Alleinerziehungsrecht der Mütter über die Kinder. Statt auch mit Kindern den feministischen Weg zu verfolgen, die soziale Mutterschaft an die gesellschaftliche und individuell väterliche Verantwortung aus der Hand zu geben, wurde aus der Not eine Tugend gemacht. Die Not war am Mann und an Kindertagesstätten deutlich. Statt zu kämpfen, wurde propagiert, daß Mutterstolz und Mutterliebe die soziale Mutterschaft geradezu natürlicherweise und gerechterweise in die Verantwortung der Frauen lege. Es **waren** die gleichen Begründungen, die auch die CDU in dieser Zeit hervorbrachte, aber sie wurden als feministische Politik ausgegeben und bedeuteten eine Wiederbelebung des bürgerlichen Mutterideals in der Frauenbewegung und ihrem Umfeld.

Unter feministischen Vorzeichen wird immer noch biologistisch argumentiert, die Unersetzlichkeit und ein Bessersein der Frauen für die Kinderaufzucht behauptet. Das ist politisch reaktionär und bedeutet eine Stabilisierung der bestehenden Verhältnisse statt ihre Veränderung. Zudem ist die Propagierung des Stolzes der Mütter auf die Alleinarbeit und Alleinverantwortung ein neuer Opfertest, den viele der Betroffenen nicht bestehen werden, der sie und ihre Kinder verschleißen wird. Es *ist* Arbeit, Kinder großzuziehen, und es *ist* eine gesellschaftlich nicht anerkannte Arbeit. Ein individueller Stolz kann diesen Widerspruch nur vorübergehend verkleistern.

Das Schwierige an der ›neuen‹ Mütterlichkeit sind die Körnchen von Wahrheit, die in ihren Parolen stecken: Es war und ist berechtigt, den frauenverachtenden Gebärmethoden in den Kreißsälen Paroli zu bieten. Frauen sollen entscheiden können, wie sie ihre Kinder gebären wollen. Es ist berechtigt, die Nichtachtung der Gesellschaft gegenüber der Kinderaufzucht anzugreifen. Das beste Mittel dafür wäre allerdings, daß die

1 Monika Jaeckel: Wer, wenn nicht wir? Zitiert nach: Alice Schwarzer: So fing es an! Köln 1981.

2 EMMA 1, 2, 3/79, Köln 1979.

nichtgeachteten Frauen sich endlich einmal weigerten, im Namen der Mutterliebe das Geschirr und die Windeln zu waschen, statt dabei auch noch Unersetzlichkeit und Stolz zu beschwören, getreu der bürgerlichen Hausfrau und Mutter des 19. Jahrhunderts.

»Um die Knute Mutterschaft geht es ...«

(Ablehnung der Mutterschaft in der Frauenbewegung)

Immerhin kam auch anderes aus der frauenbewegten Szene. Den Feministinnen ist es unzweifelhaft mit zu verdanken, daß Frauen heute ein Stück mehr Entscheidungsfreiheit haben, wenn sie vor der Frage stehen, ob sie kinderlos sein und bleiben wollen oder nicht. Ich meine hier nicht vorrangig die Forderung und Verteidigung des Rechts auf Abtreibung, sondern vor allem eine gewisse Verschiebung der gesellschaftlichen Toleranz zugunsten der unverheirateten, kinderlosen Frauen. Diese Veränderungen sind gering und die Vorwürfe immer noch nicht harmlos, wenn eine Frau sich gegen die Erfüllung der ›weiblichen Pflichten‹ stellt. Die kinderlose Frau gilt aber heute nicht mehr in erster Linie als hilfloses Wesen, das ›keinen abgekriegt hat‹, sondern man unterstellt ihr eher den Charakter einer gestandenen egoistischen Karrierefrau.

Die Begründungen der Radikalfeministinnen für ihre Entscheidungen gegen die Mutterschaft haben ihre Berechtigung.

»Ich glaube, eine Frau sollte sich vor der Falle der Mutterschaft und der Heirat hüten! Selbst wenn sie gern ein Kind hätte, muß sie sich gut überlegen, unter welchen Umständen sie es aufziehen müßte: Mutterschaft ist heute eine wahre Sklaverei. Väter und Gesellschaft lassen die Frauen mit der Verantwortung für die Kinder ziemlich allein. Die Frauen sind es, die aussetzen, wenn ein Kleinkind da ist. Frauen nehmen Urlaub, wenn das Kind die Masern hat. Frauen müssen hetzen, weil es nicht genug Krippen gibt ... Und wenn Frauen trotz alledem ein Kind wollen, sollten sie es bekommen, ohne zu heiraten. Denn die Ehe, das ist die größte Falle.«[1]

Simone de Beauvoir beschreibt die Realität sozialer Mutterschaft bei uns zutreffend. Ich bin allerdings der Überzeugung, daß nicht auf jede Frau diese Zwänge zutreffen, daß manche Frau der Sklaverei ein Stück entrinnen kann. Vor allem wenn sie es **will** und Kindererziehung nicht als heilige Aufgabe begreift. Mit diesem Bewußtsein können Frauen das Leben mit Kindern anders erleben.

1 Alice Schwarzer: Simone de Beauvoir heute. Reinbek bei Hamburg 1983.

Die Forderung nach Trennung zwischen biologischer und sozialer Mutterschaft und nach Freiheit der Entscheidung setzt ein anderes Verständnis der Kindheit voraus, als es von den bürgerlichen Wissenschaften populär gemacht wurde, ein anderes Kindheitsverständnis auf zwei verschiedenen Ebenen: Einmal geht es um die Teilnahme an und Anerkennung der Kinderaufzucht. Väter, Institutionen und die Palette juristischer, gesellschaftlicher und traditioneller Veränderungen sind hier angesprochen. Individuell spielt sich diese Veränderung immer im Zusammenhang mit einem oder mehreren Kindern ab, und wie wir mit ihnen umgehen. Individuell ist es für die Mutter wichtig, eine andere Beziehung zu ihrem Kind zu erreichen, die ihr Schuldgefühle ersparen und dem Kind Autonomie bringen. Sich trauen, eine ›Rabenmutter‹ zu sein, kann eine große Erleichterung für das Mutter-Kind-Verhältnis bei uns bedeuten.

In der Zeitschrift EMMA vom Herbst 1984 schließt eine Reportage über Teleheimarbeit mit den Worten: »Tochter Sabine, die inzwischen vom Einkaufen zurück ist, wirkt ziemlich erleichtert, als ich mich endlich verabschiede. Jetzt hat Mutti wieder Zeit. Hat sie aber nicht. Sie geht zurück ins Schlafzimmer. An die Maschine.«[1]

Na und? Meiner Ansicht nach zeigt sich hier zwischen den Zeilen ein versteckter Vorwurf an die Arbeitsbedingungen, die der Mutter keine Zeit für die Tochter lassen. Tochter Sabine aus diesem Beispiel ist aber immerhin acht Jahre alt und braucht wirklich keine ›Mutti‹ mehr, die immer Zeit hat.

Es sind nicht nur die realen, organisatorischen und finanziellen Probleme, die Frauen vor der Mutterschaft Angst machen, sondern vor allem zeigt sich auch Unsicherheit und Furcht davor, sich in Ansätzen **gegen** das bürgerliche Ideal von der immer präsenten, lieben und opferbereiten Mutter zu stellen. Eine häufig genannte Begründung von Frauen ist: ›Ich trau' es mir nicht zu‹. Das **kann** in bezug auf die Mutterschaft eine realistische Einschätzung der eigenen Kraft sein. Das kann aber auch bedeuten, daß die Forderungen unserer Gesellschaft an Kindheit und Mutterschaft wenig hinterfragt wurden. Unter diesen Umständen wäre die Entscheidung gegen die Mutterschaft eine unfreiwillige Entscheidung, die nicht Autonomie verrät, sondern Resignation. Es ist zweifellos keine einfache Sache, hier und heute Kinder zu haben u n d emanzipiert zu sein. Es ist aber zweifellos auch nicht einfach, sich als Frau im Beruf durchzusetzen oder in einem anderen Bereich des Lebens etwas **anders** zu machen als andere. Auf Weiblichkeit und Mütterlichkeit werden Frauen fast überall festgenagelt und müssen sich dagegen

1 EMMA 9/84. Köln 1984.

wehren. Mutterschaft einzugehen, kann mit diesem Bewußtsein eine Herausforderung sein für Feministinnen, sich auch an der ›Familien- und Kinderfront‹ zu wehren.

Kinder und Kindheit werden in der feministischen Diskussion tabuisiert. ›Kinder an sich‹ gelten als Bereicherung, als toll, als unschuldig, und nur die gesellschaftlichen Umstände werden üblicherweise als Begründung genannt für die Ablehnung der Mutterschaft. Das ist sehr ›weiblich‹ und deutet auf die gesellschaftlich übliche Haltung, die Kindern entgegengebracht wird, hin: Kinder gelten als schützenswerte Gruppe von hilflosen Objekten, die als Gruppe weder ernst noch wichtig genommen werden und als einzelne individuell viel Kinderfeindlichkeit erfahren müssen.

Ich habe nicht eine **persönliche** Begründung gegen Kinder in der feministischen Literatur gefunden. Es besteht anscheinend große Scheu davor, einfach zu sagen: »Ich will keine Kinder, weil ich Kinder nicht besonders amüsant finde oder andere Dinge viel, viel wichtiger.« Autonomie für Frauen bei der Ablehnung von Mutterschaft müßte auch bedeuten, daß Frauen aus individuellen Gründen Kinder ablehnen **dürfen.** Ohne den Aspekt der persönlichen Begründung für diese Entscheidung kann die Verweigerung der Mutterschaft auch immer eine indirekte Diffamierung der Frauen bedeuten, die sich darauf einlassen. Die Frau, die unter den heutigen Bedingungen ein Kind hat, wird dann entweder heroisiert oder des Paktes mit der ›Knute Mutterschaft‹ bezichtigt.

»(Wir) sollen Kinder kriegen, damit Arbeitsplätze ›frei‹ werden, sollen auf unser bißchen Selbständigkeit verzichten, damit man wieder mit uns machen kann, was man will... Um die Knute Mutterschaft (geht es), mit der sie uns vom Arbeitsplatz vertreiben, uns unter den ›Schutz‹, das heißt, die Gewalt eines Mannes treiben, mit der sie uns in Unfreiheit halten können.«[1]

Dies sind mit Sicherheit reale gesellschaftliche, reaktionäre Bestrebungen. In dieser Form sind solche Worte aber auch eine Diffamierung der Mütter, denen indirekt ein Bewußtsein abgesprochen wird, wenn die Zwangsläufigkeit und Unausweichlichkeit der Verbindung zwischen sozialer Mutterschaft und Verzicht auf Selbständigkeit beschworen wird.

Tatsache ist, daß viele Frauen Kinder kriegen und Mutter werden. Ich halte es für einen Fortschritt, daß sie es heute nicht mehr unabdingbar **müssen.** Feministische Politik muß diese Autonomie erhalten und ausbauen. Feministische Politik muß aber die Mütter auch einbeziehen.

1 EMMA 9/84. Köln 1984.

Margarete Mitscherlich-Nielsen schrieb 1980: »Viele Frauen, die selber Mutter sind, fühlen sich von der Frauenbewegung angezogen und möchten Verständnis für ihre Schwierigkeiten finden. Durch deren negative Haltung ihnen gegenüber fühlen sie sich aber zu Frauen zweiter Klasse degradiert und darüber hinaus ihren Problemen wieder allein überlassen. Wenn der Frau als Mutter bei ihrer Selbstbefreiung nicht geholfen wird, wird sie in ihrer Hilflosigkeit ihre Kinder weiterhin so erziehen, wie es ihr selbst beigebracht wurde. Das heißt, sie stößt ihre Töchter in die gleichen Rollenzwänge, denen sie selber ausgesetzt war. Die nächste Generation von Töchtern muß dann wiederum versuchen, sich am eigenen Schopf aus dem Sumpf falscher Ideale und Erziehungsnormen herauszuziehen.«[1]

Die Ablehnung der Mutterschaft darf nicht, auch versteckt nicht, zu einer Ablehnung der Mütter werden. Verweigerung der Mutterschaft kann genauso von Resignation und von Verinnerlichung bürgerlicher Idealmutterschaft geprägt sein, wie es das Eingehen der Mutterschaft oft ist. Eine Entsolidarisierung zwischen Müttern und Nichtmüttern ist falsch und oberflächlich. Aber beide Seiten müssen ihre Entscheidungen auch als individuell erkennen und ›Mutterschaft als Pflicht der Frau‹ – ein Grundpfeiler des bürgerlichen Mutterideals – abschaffen wollen.

»Biologische und soziale Mutterschaft müssen auseinanderdividiert werden . . .«

(Feministische Politik gegen den Muttermythos)

»1. Die Definition von Frauen über die Mutterschaft muß entschieden zurückgewiesen werden . . .
2. Die reale Lage von Müttern heute ist ein Skandal . . . Väter und Gesellschaft haben gleichteilig daran Anteil zu nehmen . . .
3. Biologische und soziale Mutterschaft müssen auseinanderdividiert werden . . . Soweit die Theorie . . .«[2]

In der Praxis bleibt Feministinnen, so scheint es, nicht weniger erspart als anderen Frauen auch: Entweder müssen sie auf Mutterschaft verzichten, oder auf ihre ›Freiheit‹. Wünschenswert wären Bedingungen und gesellschaftliche Umstände, die den Forderungen Alice Schwarzers entsprechen, um eine freie Entscheidung zur Mutterschaft überhaupt

1 EMMA 4/80. Köln 1980.
2 Alice Schwarzer: So fing es an! Köln 1981.

erst möglich zu machen. Diese Bedingungen können wir uns nur schaffen, wenn einerseits scheinfeministische Mutterschaftsideologien von der ›besonderen Art der Frauen‹ schärfstens zurückgewiesen werden und andererseits aber die Spaltung zwischen Nichtmüttern und Müttern überwunden wird. Feministische Politik muß unbestreitbar die Ablehnung eigener Mutterschaft als freie Entscheidungsmöglichkeit jeder Frau fordern. Unter den heutigen gesellschaftlichen Bedingungen, die Mutterschaft zu einem Mittel der Frauenunterdrückung nutzen, kann es für viele Frauen richtiger sein, sich nicht auf einen individuellen Grabenkrieg an dieser Frage einzulassen. Es bleibt aber eine individuelle Entscheidung.

Tatsächlich wollen oder können sich viele Frauen der Erfahrung Mutterschaft nicht entziehen. Diese Tatsache können wir nicht ignorieren. Ob es sich hier um ein gesellschaftlich-kulturelles Erbe handelt, um einen mit Sexualität verknüpften ›Schwangerschaftstrieb‹, oder ob ganz andere Ursachen eine Rolle spielen, werden wir mit Sicherheit erst herausfinden, wenn Frauen sich wirklich frei entscheiden können, ohne das Idealbild der Opfermutter im Kopf und ohne den Zwang, eine erlebte Schwangerschaft mit der Alleinverantwortung für das Kind bezahlen zu müssen.

Unter den Bedingungen, daß Mutterschaft aber von einem großen Teil – dem größten Teil – der Frauen **gelebt** wird, ist es für diese Frauen und die Frauenbewegung wichtig, dem bürgerlichen Mutterideal ein feministisches Bild entgegenzusetzen.

Muttermythos, Mutterliebe und die Sichtweise der Kindheit als längeres Entwicklungsstadium des Menschen sind in der gleichen Zeit entstanden und werden von den gleichen Interessenten propagiert.

Ein autonomes Verhältnis von Frauen zur Mutterschaft kann nur entstehen mit der Überprüfung und Zurückweisung biologistischer Forschungs- und Traditionswerte, die ›Mutterliebe‹, Prägungstriebe und Verantwortung der Mutter für die Psyche des Kindes als natürlich und unabänderlich behaupten. Feministische Politik muß der Kindererziehung das ›Heilige‹ nehmen, das Unersetzliche und das Besondere – im Bewußtsein, daß auch den Kindern in unserer Gesellschaft durch das Mutterideal und die Stigmatisierung ›Kindheit‹ sehr viel Autonomie geraubt wird.

Für neue Wege und Erkenntnisse werden Mut und Solidarität gebraucht – und offene Worte. Nicht wenige Frauen bei uns erleben Mutterschaft anders und leben sie anders, als es die gesellschaftlichen Idealvorstellungen verlangen: Frauen, die berufstätig sind; Frauen, die Kinderbetreuung von anderen fordern und zulassen; Frauen, die Mutterschaft zwar als wichtige Erfahrung für sich, aber nicht als Erfüllung ihres eigenen Lebens betrachten. Dies sind wahrscheinlich erheblich mehr, als es Feministinnen in diesem Land gibt. Die Durchbrechung von Tabus wird allerorten vollzogen. Es wäre für diese Frauen eine ungeheure Stärkung, wenn die Feministinnen ihnen einen Teil ihrer Schuldgefühle nehmen könnten, die geprägt sind vom bürgerlichen Mutterideal und dem Unvermögen, ihm zu entsprechen. Wahrscheinlich ist die Frauenbewegung sogar intensiver vom Ideal der Übermutter beeinflußt als Frauen bei uns schlechthin, da die Frauenbewegung von ihrer Zusammensetzung her eine kleinbürgerliche Bewegung ist. Das ist nichts Neues und muß keine politische Abwertung beinhalten, solange sich diese Frauenbewegung ihrer Herkunft und Zusammensetzung bewußt ist und ihre Beeinflußbarkeit gerade von kleinbürgerlichen Idealbildern realistisch einschätzen kann.

Das Idealbild von einer Mutter, die immer Zeit hat und ihr Kind über alles stellt, ist für viele Frauen bei uns zwar ein Traum, aber ein unerfüllbarer. In der Praxis stellt sich der Konflikt nicht in dem Umfang, wie er ideologisch – zu Recht, da es sich um ein Ideal handelt – diskutiert wird. Das Mutterideal ist für viele Frauen nicht ein Konflikt, dem sie entgehen **wollen,** sondern dem sie zwangsweise entgehen müssen, weil sie durch ihre Arbeit und andere Belastungen dazu gezwungen werden. Schuldgefühle bleiben trotzdem, und ein Zwang ist selbstverständlich keine wünschenswerte Autonomie. Aber das, was gelebt wird, ist in diesem Fall eben auch nicht unbedingt rückschrittlich. Ein Schritt gegen die Politik des Muttermythos könnte das Öffentlichmachen wirklicher, gelebter Mutterschaft sein, die dem Idealbild der gesellschaftlich verlangten Mutterrolle so oft nicht entspricht. Das wäre ein Weg, die Verlogenheit des bürgerlichen Mutterideals, einschließlich seiner Erscheinungsformen in Gestalt scheinfeministischer ›neuer‹ Mütterlichkeit, zu entlarven.

Autonomie in der Mutterschaftsfrage bedeutet mehr Entscheidungsfreiheit darüber, wie eine Frau die soziale Mutterschaft leben will. Da sind als nächstliegende Strategie auch Forderungen zu stellen an die Gesellschaft und an jeden einzelnen Vater. Ein-Kind-Haben muß nicht heißen, daß Frauen nicht berufstätig sein können. Eine-Mutter-Haben muß für Kinder nicht heißen, daß sie ohne sie schlecht oder nicht überleben können. Wir sollten äußerst vorsichtig sein mit der Übernahme von wissenschaftlichen Theorien, die Ergebnisse in bezug auf die Mutter-Kind-Beziehung auf der Basis des bürgerlichen Mutterideals und der biologisch begründeten Verknüpfung von Schwangerschaft und sozialer Mutterschaft hervorgebracht haben. Die Widerlegung dieser Ergebnisse wäre ein wichtiges Thema für feministische Forschung. Ein Schritt gegen derartige Schuldgefühle hervorrufende Ratgeber, ›Erkenntnisse‹ und Moden könnte auch das Öffentlichmachen von bewußt entschiedener, anders gelebter sozialer Mutterschaft sein – nicht nach dem Motto ›Uns geht es so schlecht‹, sondern genau entgegengesetzt: die ›Rabenmutter‹, die sich bewußt entschlossen hat, den Opfertest nicht zu bestehen, und die sich auch noch gut dabei fühlt.

Auch das ist ein Tabu, das besonders ungern von Frauen gebrochen wird. Immerhin könnte seine Aufhebung auch bedeuten, daß scheinbare Privilegien im Zusammenhang mit der Mutterschaft aufgegeben werden müssen: eine gesellschaftlich tolerierte Möglichkeit des Rückzugs aus dem Berufs- und Arbeitsleben; eine Möglichkeit des Verzichts auf Eigenverantwortlichkeit für die finanzielle und berufliche Lebensplanung; vor allem aber auch die scheinbare und wirkliche Macht über Kinder, die Unersetzlichkeit wenigstens in einem Punkt. Frauen sind eben nicht nur Opfer, sondern auch Erhalterinnen ihrer eigenen Ketten.

*Gesucht: Autonome feministische Rabenmütter!**

Ich habe Kinder und bin Feministin, sehe meinen Platz in der Frauenbewegung. Ich habe oft das Gefühl, daß ich eine erstaunliche Randerscheinung bin, der mit sehr viel Skepsis, manchmal auch Bewunderung oder spürbarem Neid huldvoll Platz gemacht wird. Besonders nachdem ich – schon ›frauenbewegt‹ – noch ein drittes Kind bekommen habe und damit deutlich wurde, daß ich versuche, diesen Widerspruch, Feminismus und Mutterschaft, zu leben.

Ich denke, daß Mutterschaft ein Thema in der Frauenbewegung sein **muß.** Die Ablehnung der Mutterschaft ist eine sehr wichtige Alternative, die dem Feminismus mit zu verdanken ist, aber Ablehnung reicht nicht aus. Dafür gibt es verschiedene Gründe:

— Es ist keine langfristige Lösung für alle Frauen.
— Wir können nicht alle Frauen, die Mütter sind, ausschließen.
— Viele von uns kriegen Kinder.
— Es gibt heute innerhalb der Frauenbewegung eine starke Tendenz, Mutterschaft als Potenzrummel zu begreifen. Diese Mutterideologien ketten die Frauen noch geschickter an die ausschließliche Verantwortung für ihre Kinder, als es bürgerliche Psychoanalytiker und reaktionäre Politiker je geschafft haben.

Simone de Beauvoir stellte 1982 in einem Interview mit Alice Schwarzer richtig fest:

»Eine erneute Verklärung von ›Mutterschaft‹ und ›Weiblichkeit‹ ist

* Dieser Text wurde während der Arbeit an diesem Buch in leicht veränderter Form in der Zeitschrift EMMA 11/84 veröffentlicht.

der Versuch, die Frauen auf das Niveau von vorher zurückzudrängen ... Da man den Frauen schlecht sagen kann, es sei eine heilige Aufgabe, Töpfe zu spülen, sagt man ihnen: Es ist eine heilige Aufgabe, Kinder zu erziehen. Aber Kinder großziehen, das hat, so wie die Welt heute ist, eben sehr viel mit dem Töpfespülen zu tun. Auf die Art treibt man die Frau zurück in die Lage eines relativen Wesens, eines zweitklassigen Menschen.«[1]

Ja, recht hat sie: Töpfe spülen sollen wir! Aber **müssen** wir es? Mir ist es zu pessimistisch festzustellen: Da die Situation so ist, daß Frauen die Hauptarbeit zu machen haben, kriegen sie also lieber keine Kinder. Damit bleibt die Entscheidung vieler Frauen gegen Mutterschaft ein Verzicht, der von den gesellschaftlichen Bedingungen aufgezwungen ist. Die einen ›verzichten‹ auf Kinder, die anderen ›verzichten‹ auf Karriere ... So stellt sich die Frage auch in der feministischen Diskussion. **Ich will alles haben!**

Die Unvereinbarkeit von Mutterschaft und einem selbstbestimmten Leben entspricht nicht mehr in jedem Fall unserer Situation. Ich bin der festen Überzeugung, daß Mutterschaft nicht unbedingt Rückzug bedeuten muß.

Vorausgesetzt: Mutterschaft ist freiwillig. Und vorausgesetzt: wir bleiben wir und lassen uns nicht mit dem Kind an der Hand behandeln, wie ›Frau-mit-Kind-an-der-Hand‹ eben bei uns behandelt wird. (Das kann nämlich erst mal sehr bequem sein, da wir ja einer der gesellschaftlich geforderten Frauenrollen entsprechen.)

Herr Blüm (derzeitiger CDU-Minister), Herr Müller (Bildzeitungsleser) und Frau Liedloff (Bestseller-Autorin, »Auf der Suche nach dem verlorenen Glück«) sind sich einig darin, uns die Mutterschaft als heilige Aufgabe zu präsentieren. Herr Blüm hat wahrscheinlich eine Haushälterin zum Töpfespülen, Herr Müller möchte die Töpfe nebenbei gespült haben und von seinen Blagen wenig gestört werden, und Frau Liedloff als Repräsentantin der neuen Mutter-Kind-Bindungs-Ideologien braucht einen willigen Softi-Vater, der die Töpfe spült, damit das heilige Kind 24 Stunden am Tag rumgetragen werden kann. Das ist alles Jacke wie Hose.

Und viele Frauen stürzen sich auf den Markt der neuen Innerlichkeit-mit-Kind. Denn wenigstens stückchenweise (in Scheiben geschnitten) finden wir uns dort wieder, schwanger und mit Baby meistens. Wenigstens einige Probleme, die im täglichen Leben mit Kindern auftauchen, werden da angesprochen und scheinbar gelöst.

Es geht ja auch erst mal runter wie Honig, wenn uns Müttern ver-

1 Alice Schwarzer: Simone de Beauvoir heute. Reinbek bei Hamburg 1983.

braten wird, wie unersetzlich, natürlich, wunderbar und irgendwie heilig es sei, den kleinen Satansbraten zu gebären und ihm dann die immer bereiten potenten Brüste zu reichen. Einfühlsam wird beschrieben, was wir vielleicht **manchmal** an Gefühlsmomenten erleben, und sofort wird das zum Maßstab für die heilige Mutterschaft der alternativen frauenbewegten Frau aus der Szene.

Und wehe, neue Mutter, du hast ganz andere Gefühle! Geflissentlich wird übergangen, daß all die Friede-Freude-Schwierigkeiten-Ratgeber im günstigsten Fall nur aus der Perspektive des angeblichen Wohls des Kindes geschrieben sind. Geflissentlich wird davon ausgegangen, daß bürgerliche patriarchalische Forschungsergebnisse, die wir ja andernorts gern in Frage stellen, im Bereich Mutter und Kind schon ihre Richtigkeit haben. Geflissentlich wird unterstellt, Kinderkriegen und Kindergroßziehen seien mittlere Heldentaten, sozusagen der i-Punkt menschlicher Kultur. Die Tatsache, daß selbst niedere Tiere und Pflanzen Nachkommenschaft erzeugen, bildet höchstens einen Beweis für neu entdeckte Verbundenheit mit der Natur.

Kein Wunder, daß viele Mütter sich kaum trauen, laut zu sagen, sie erlebten Mutterschaft ganz anders. Kein Wunder, daß unsere Freundinnen und Schwestern ohne Kinder manchmal davon ausgehen, Schwangerschaft und Kind hätten uns wie eine Krankheit überfallen, die denk- und handlungsunfähig macht.

Ist Schwangerschaft eine Krankheit, die Scheuklappen vors feministische Bewußtsein legt? Ich meine jetzt nicht den Zeitmangel oder Schlafmangel und daß es Zeiten gibt, in denen wir nicht auf jede Demo rasen können. Für klare Gedanken sollte immer Zeit bleiben!

Was ist aber los, wenn oben genannte Frau Liedloff ungeniert alle Schlechtigkeit der Welt lieblosem Verhalten der Mütter in die Schuhe schiebt und in einem flotten Rundumschlag »Heroinsüchtige, Kriminelle, Homosexuelle, Alkoholiker, Spieler und andere Süchtige« mittels ihrer ›neuen‹ Erkenntnis therapieren will? Und wenn dann ehemals durchaus politisch bewußte Frauen glänzende Augen kriegen und geneigt und bereit sind, solch reaktionären Schwachsinn zu überlesen und zu dulden, weil das Buch angeblich sonst die große Offenbarung ist für den Umgang mit menschlichen Babys? Oder wenn Herr Leboyer seine frauenfeindlichen Tiraden losläßt und die neuen Mütter trotzdem ignorant und ohne Scham seine Ratschläge zum Kinderkriegen annehmen und feiern?[1]

Solange **diese** neue Mütterlichkeit in frauenbewegten Kreisen das Sagen hat, sind Zweifel angebracht, ob Mutterschaft mit feministischem Bewußtsein vereinbar ist. Ich hoffe aber, daß es nicht wenige Mütter gibt, die sich nicht an diesen neuen alten Mütterlichkeitsideologien orientieren. **Es gibt uns!** Wir tun aber zu wenig! Viele Fragen stehen im Raum, zu deren Antwort wir beitragen können und sollten.

Ich denke, eine der positivsten Erfahrungen mit Kindern kann sein, daß dieses Zusammenleben uns zum Lernen und Überprüfen zwingt. Und das, was wir im Kopf haben, müssen wir dann aber auch äußern, vertreten, sichtbar und öffentlich machen. Ich meine nicht, daß wir mehr oder weniger Kompetenz haben als Nichtmütter, außer in speziellen Fragen. Aber ob das Private politisch ist im Sinne von Politikmachen als was verändern in unserem Interesse, das wird sich erst zeigen. Dazu müssen wir aufhören, zu klagen und zu jammern, aufhören, Mutterschaft als Potenz vor uns herzutragen wie anderer Leute Kinder ihre Pimmel, und aufhören, Schuldgefühle zu haben und das Töpfespülen als unabänderliches Los zu begreifen.

Was haben wir als feministische Mütter bei uns für Bedingungen und Probleme? Was können wir von uns und unseren Kindern fordern, was können wir gesellschaftlich verändern? Warum sind wir oft so angebunden? Sind wir Einzelkämpferinnen? Auf der Suche nach Gleichgesinnten oder einfach zum Austausch von Tips und Informationen gehen wir dann in die (Frauen-)Buchläden und finden uns nicht wieder. Feministinnen sind entweder Nichtmütter oder haben sich zu verklärten Marienfiguren gewandelt, immer lächelnd mit dreijährigen Zwillingen an der Brust, die Welt mit den Augen ihrer Nachkommenschaft sehend, wenn sie überhaupt noch in die Welt sehen. Ich finde mich da einfach nicht wieder.

Das Wichtigste scheint mir, Entscheidungen wie Kinderwunsch und Kinderhaben zu entmystifizieren, zu verweltlichen. Weder Gott noch die Natur zwingen uns zu dem Leben, wie wir es führen. Wer dann? Wir müssen es wagen, Fragen zu stellen und Antworten zu geben.

1 Ich beziehe mich hier u. a. auf ein Interview Leboyers mit der Zeitschrift EMMA, in dem er sagte: »Die Größe einer Mutter spiegelt sich in ihrer totalen Selbstlosigkeit wider.« EMMA 1/81.

Was fangen wir mit unserem Leben an?

»Wenn ich ein Junge wär', uah –
wär' alles halb so schwer, uah . . .« (Rita Pavone)

Wir haben – ich sage das mit aller Vorsicht –, verglichen mit vielen Frauen in anderen Ländern und verglichen mit unseren Müttern und Großmüttern, Möglichkeiten, die neu sind: Wir können Lesen und Schreiben lernen. Wir können unter Umständen studieren und viele Berufe ausüben. Wir können uns Bücher kaufen. Wir können materiell für uns selber sorgen. Wir müssen nicht Väter oder Ehemänner fragen, ob wir das Haus verlassen dürfen. Wir können Entscheidungen treffen. Wir können – wiederum mit Vorbehalt – unser Leben selbst bestimmen und beeinflussen. Wir können alleinstehend sein oder Beziehungen eingehen. Wir können Mutterschaft ablehnen oder Mutter werden. Wir können Ehe, Schwangerschaft und Mutterschaft verweigern, ohne dafür getötet zu werden. **Wir sind verantwortlich für das, was wir tun oder nicht tun.**

Ich bin nicht der Meinung, daß uns diese Möglichkeiten in die Wiege gelegt wurden. Im Gegenteil, unser gesellschaftliches Umfeld ist überwiegend gegen unsere Selbstbestimmung angelegt, und Machtpositionen auf wirtschaftlicher, politischer und gesellschaftlicher Ebene sind in den Händen und Computern weniger mächtiger (meist) Männer konzentriert. Soweit, so schlecht.

Ich bin allerdings der Meinung, daß Frauen mit Mut, Durchsetzungswillen, ein bißchen Neugier und viel Zähigkeit hier bei uns (noch) eine Chance haben, den Verlauf ihres Lebens halbwegs selbst zu bestimmen. Ja, Privilegien wie Bildungsstand und Arbeitsmöglichkeiten spielen eine Rolle. Aber ebenso wichtig ist es, daß wir uns selbst etwas zutrauen, daß wir das überhaupt **wollen.**

Ich erlebe besonders oft bei Frauen eine Haltung, alle Verantwortung anderen oder den Umständen zuzuweisen (den Eltern, dem Vater, der Mutter, der Beziehung). Und das wird dann noch mit dem Mäntelchen des allseitigen Verständnisses zugedeckt.

So ist das zu einfach, so werden wir nichts erkämpfen. Unsere Großmütter haben das Frauenwahlrecht erkämpft und gingen in die Universitäten. Unsere Mütter mußten sich von uns – berechtigt – fragen lassen, was sie im Faschismus trieben. Welche Verantwortung lösen wir selbst ein? Wir, und für Feministinnen sollte das eigentlich keine Frage sein, sind für uns und unser Leben verantwortlich und nicht nur das. Nur zwei Schlagworte an dieser Stelle: Computergesellschaft, Umweltverschmutzung – wir leben wahrlich nicht in einer Zeit, in der Menschen sich vor Verantwortung drücken sollten. Sei es mit dem Argument »Ich bin doch **nur** eine Frau und kann nichts machen«, sei es mit dem gleichen Argument in der Neuauflage »Ich bin **doch eine Frau** und habe ganz andere kosmische Schwingungen«.

Wer entscheidet, ob wir schwanger werden und Kinder kriegen?

> »Warum soll ich meine Pflicht als Frau erfüllen?
> Für wen? Für die? Für dich? Für mich?
> Ich hab' keine Lust, meine Pflicht zu erfüllen!
> Für dich nich, für mich nich, ich hab' keine Pflicht.« (Nina Hagen)

In der neueren Geschichte der Menschen sind wir es erstmals, die sich gegen Mutterschaft entscheiden können. Das scheint noch nicht überall bekannt zu sein: Liest man sich durch ›frauenbewegte‹ Bücherberge, dann kommt leicht die Vermutung auf, Kinderkriegen habe was mit Tarotkarten, Schicksal, Vorsehung oder kosmischer Verschmelzung, mindestens aber mit unserer eigentlichen biologischen Bestimmung zu tun.

Damit werden die Träume von Millionen Frauen früherer Zeiten verraten und begraben, Träume von freier Entscheidung über die Mutterschaft.

Tatsache ist: Wir werden weder von Familien noch Ehemännern gezwungen, Nachkommen zu gebären. Weder unsere eigene Altersversicherung noch die Zukunft der Menschheit ist vom Kinderkriegen abhängig. Wir können Sexualität, wie und mit wem auch immer, leben, ohne uns auf jährliche Schwangerschaften einlassen zu müssen.

Ich sehe auch, daß Traditionen und gesellschaftliche Normen noch viel zu unserem Selbstverständnis beitragen und die ›Erfüllung von Mutterpflichten‹ dem normalen, üblichen Frauenbild entspricht. Aber wir **können** uns doch dagegenstellen! Unsere Alternative ist doch nicht mehr das Kloster! Wir können Verhütungsmittel anwenden, so gräßlich und frauenfeindlich sie sich im einzelnen auch erweisen mögen. (Wo seid ihr, feministische Forscherinnen!) Wir können Sexualität ohne Männer leben oder so praktizieren, daß wir nicht schwanger werden. Wir können (noch) abtreiben, ohne uns in akute Lebensgefahr zu begeben. Wir können Kinder haben, ohne eine Ehe einzugehen.

Ablehnung der Mutterschaft ist, öffentlich vertreten und gelebt, etwas Neues und revolutionär für die Geschichte der Frauen. Und es ist richtig, daß viele Frauen inzwischen der Mutterschaft konsequent mit Mißtrauen begegnen.

Ich akzeptiere Frauen, die Schwangerschaft und Kinder für sich ablehnen. Aber ich möchte nichts von Verzicht hören oder »weil die Welt so schlecht ist«. Wir sind in erster Linie für uns selbst verantwortlich und für das, was in der Zeit unseres Lebens mit dieser Welt passiert. Kindern, die es noch gar nicht gibt, die dreckige Umwelt ersparen zu wollen, ist noch kein Kampf gegen die Verursacher des Drecks. Genausogut könnte ich als jemand mit Kindern sagen: einer muß den Dreck ja wegmachen!

Einigen wir uns doch darauf, daß es Frauen gibt, die keine Lust haben aufs Kinderkriegen und welche, die Lust drauf haben – und dies alles aus purem Egoismus.

Was ist nun aber mit dem Kinderwunsch, der ›tief im Bauch‹ und angeblich wider besseres Wissen auch nicht jede Feministin verschont? Was geschah der aufgeklärten Frau aus der Bewegung, die trotz Diaphragma, Pille und Spirale andauernd schwanger wurde? Fordert unsere »biologische Bestimmung« doch ihr Recht, und wir wollen es bloß nicht wahrhaben? Kampf zwischen Bewußtsein und Natur? (Der Bauch vergewaltigt den Kopf und frau ist – mal wieder – ganz klammheimlich froh darüber?)

Warum werden manche von uns schwanger?

»Schuld war nur der Bossa Nova ...« (Manuela)

Ich bilde mir nicht ein, die Entscheidungen für meine drei Kinder (und für mehrere Abtreibungen) unabhängig von den Bedingungen, in denen ich lebe und aufgewachsen bin, getroffen zu haben. Zwei meiner Kinder sind ›Verhütungskinder‹, ein verbreitetes Phänomen in unseren Tagen.

Dennoch wurde ich nicht überfallen von den Schwangerschaften, die Verantwortung für meine Lust hatte ich. Viele Gründe, schwanger zu werden und Kinder zu haben, haben mit mir, einzig und allein mit mir, zu tun. Und ich habe die Entscheidungen getroffen!

Ich habe festgestellt, daß viele Gründe, warum Frauen heute bei uns schwanger werden und Kinder kriegen, mit Tabus belegt sind. Dies ist erklärlich, wenn wir uns besinnen, daß freiwillige Mutterschaft und Kinderwunsch etwas Neues sind, erst entstehen konnten als Alternative zur Ablehnung von Mutterschaft und Kinderhaben.

Die alten Argumente ziehen nicht mehr: dem Märchenprinzen einen Sohn schenken oder dem Gatten einen Erben unterjubeln. Die Zeiten sind für manche von uns vorbei. Es bleiben Gründe wie: Neugier, Narzißmus, Erfahrungen machen wollen, eigene Grenzen bestimmen wollen, Eigenliebe, Selbstvertrauen, Trotz. Es fällt mir schwer, manche Gründe zu benennen, anscheinend haben wir dafür nicht einmal

Wörter. Früher mußten Leute/Frauen sich keine Gründe fürs Kinderhaben überlegen, da sie gezwungen waren, welche zu kriegen. Und »weil ich Kinder liebe«, deshalb brauche ich keine eigenen zu machen, da kann ich welche lieben, die schon da sind.

Warum also? Überspitzt gesagt: Ich habe meine Kinder auch zu feministischen Forschungszwecken gekriegt, auch, weil ich mich fortpflanzen wollte, ohne mich aufzugeben. Ich habe Beziehungswünsche an eigene Kinder. Ich wollte einen dicken Bauch haben. Ich fand Schwanger-Sein sehr erregend, nicht mehr Schwanger-Sein dann auch. Ich habe keine Angst vor Chaos. Es hat etwas mit emotionaler Abenteuerlust zu tun.

›Ja, aber dann nutzt du die Kinder doch für deine eigenen Zwecke aus?‹ bin ich schon fast empört gefragt worden. Ja, das tue ich.

Was bleibt denn sonst an Gründen? Es sind genau die, über die so wenig geredet wird. Ich wollte es ausprobieren. Übrigens habe ich auch eine Hausgeburt ausprobiert, und zwar weniger aus Überlegungen, die mit dem neuen Menschenkind zu tun hatten, als aus Gründen, die damit zu tun hatten, wie miserabel es mir bei den anderen Geburten in Kreißsälen ergangen war. Ich habe die Hausgeburt als angenehmer empfunden, mehr von mir selbst bestimmt, aber keineswegs als nur wundervoll oder mich verändernd. Das Schönste ist immer noch, wenn's vorbei ist. (Diese Fotos von glasig-glücklich lächelnden frisch entbundenen Müttern erinnern mich immer an Fotos von Menschen, die von der Feuerwehr aus einem brennenden Haus gerettet wurden. Die lächeln auch glücklich.)

Ich bin nicht der Meinung, daß ich mehr **ich** oder mehr Frau geworden bin durchs Kinderkriegen. Ich bin nicht der Meinung, schwanger werden sei eine Potenz, die wir ausleben müssen. Ich verlange ja auch nicht von jedem Menschen, der zwei Füße hat, daß er Rennläufer wird, oder?

Warum wollen manche von uns Kinder haben?

»Bestimmt wär das gesünder,
gäb's auf der Welt nur Kinder ...« (Bettina Wegener)

Schwangerschaft erleben wollen und Kinder aufziehen wollen sind zwei verschiedene Entscheidungen. Diese Trennung entspricht zwar für Frauen nicht unserer gesellschaftlichen Realität, aber es ist vorstellbar, daß Schwangerwerden für eine Frau nicht unbedingt heißen muß: Abtreibung oder 15 Jahre Zwangsarbeit.

Kinder haben ist in der Realität bei uns eine einzige frauenfeindliche

Katastrophe. Wir müssen uns zumindest arrangieren mit Bedingungen, die in überholten Bahnen laufen, sich an Familien orientieren, die es gar nicht gibt und an Frauen, die angeblich glücklich ihren Lebensinhalt im Hausfrauen- und Mutterdasein finden.

Kinder als nicht profitschaffende Wesen haben bei uns allein die Funktion zu erfüllen, sich das Funktionieren beibringen zu lassen. Kindern wird jegliche Verantwortung für ihr Leben abgesprochen. Und wer hat dafür zu sorgen, daß sie eines Tages als Fabrikarbeiter, Mutter oder ›frei entfaltete Persönlichkeit‹ funktionieren? Die Mutter. Hier sind sich alle wieder mal einig.

Gewiß mit großen Einschränkungen, weil die Entscheidungsmöglichkeiten teilweise die direkte soziale Ächtung der Mutter und des Kindes nach sich ziehen, haben wir die Möglichkeit, Schwangerschaft und Geburt zu erleben und das Kind nicht selbst aufzuziehen: Wir können es zur Adoption freigeben, einer Pflegefamilie überlassen, oder es kommt ins Kinderheim. Ich finde es notwendig, diese Möglichkeiten zu benennen und sich während der langen Jahre mit Kindern immer wieder zu fragen, ob nicht eine davon für uns das ›kleinere Übel‹ ist oder die Lösung vieler Probleme. Noch immer stellt sich uns die Mutterschaft als eine Verurteilung dar, die uns 16 bis 18 Jahre lang, wenn nicht lebenslang, zu einer Beziehung (und dem Töpfespülen!) zwingen will.

Ich weigere mich, diese Verurteilung anzunehmen, weil sie Resignation beinhaltet und die Offenheit für schöne Erfahrungen mit Kindern raubt. Ich kann keine Überlebensstrategien oder Rezepte anbieten, aber ich denke, daß feministische Mütter eine Menge zu tun haben bei der Veränderung von Lebensbedingungen, öffentlicher Meinung und Durchbrechung von Tabus. Ich bin sicher, daß all die psychologischen und pädagogischen Weisheiten über Mutter-Kind-Bindungen, Bezugspersonenwechsel, Urvertrauen usw. patriarchalisch eingefärbt sind und in die Zeit gehören, in der sie entstanden sind. Beinahe jede Persönlichkeitsentwicklung und jede Macke des Kindes werden der Mutter in die Schuhe geschoben. Wir sollten uns diese Schuhe nicht mehr anziehen, sondern mal andere ausprobieren! Ich weiß, daß das schwer ist. Wir Frauen sind nämlich selbst der größte Hemmschuh, wenigstens soweit sollten wir bereit sind, uns zu überprüfen. Wenn wir es schon nicht wagen, die Kinder mehr oder ganz den Vätern oder Kindergärten in die Hand zu drücken, dann sollten wir doch wenigstens mehr Solidarität den Frauen gegenüber zeigen, die das tun. Die schärfsten Kritikerinnen kommen oft aus den eigenen Reihen, wenn es um das Wohl der lieben Kleinen geht. Es sind oft die gleichen Mütter, die stöhnen, daß sie zu nichts mehr kommen außer Kind-Herumtragen, dann aber mittleres Entsetzen zeigen, wenn sie hören, ein Einjähriges geht in die Kinderkrippe, oder ein Kind wächst 3 Tage die Woche beim Vater auf, 3 Tage bei der Mutter und sonntags bei der Oma.

Da ich nun schon zugegeben habe, daß ich aus egoistischen Motiven schwanger wurde und es nicht der heilige Geist war, kann ich auch zugeben, daß ich meine Kinder aus egoistischen Motiven habe. Ich möchte – jedenfalls momentan – mit meinen Kindern zusammenleben, weil ich das Gefühl habe, daß es mir etwas bringt. Es macht mir Spaß. Keinesfalls immer, damit keine Mißverständnisse aufkommen. Ich könnte es nicht aushalten, sie immer, Tag und Nacht, zwangsweise um mich zu haben. Manchmal hasse ich sie (ein Artikel zu diesem Thema in EMMA hat mir vor einigen Jahren zwei ernstgemeinte Angebote zu ihrer Adoption eingetragen).[1] Manchmal fühle ich mich mit ihnen sehr verbunden. Sie haben mir viel beigebracht. Ich lerne viel von ihnen (und sie hoffentlich von mir). Sie haben mir viel gezeigt: wie man Gefühle äußert, unersättlich ist, trotzig und dickköpfig, neugierig und wißbegierig, gerecht und offen mit sich selbst und anderen. Ich möchte sie nicht missen. Aber wenn mir morgen jemand Tickets für eine Weltreise schenkt, würde ich sie (die Kinder) glatt für ein Jahr jemand anderem geben.

Wir sind viel zu schnell bereit, unseren Kindern nicht zuzutrauen, sie selbst zu sein. Wir sind oft gefangen in der Vorstellung, daß wir, die Mütter, das A und O im Leben unserer Kinder sind. Ich denke, da stimmt was nicht. Viele Leute erinnern sich an ihr eigenes Leben spätestens ab ungefähr sechs Jahren, und die Mutter spielte darin höchstens noch eine Rolle als Essensgeberin, Trösterin und Verantwortliche dafür, dem Vater das Taschengeld rauszuleiern. Und oft nervte sie ganz schlicht und einfach mit ihrer ewigen Einmischerei und Fürsorglichkeit, mit der Konzentration ihres eigenen Daseins auf uns als Kind.

Kinder sind kein Mittel, und ein dankbares schon gar nicht, sich selbst zu finden oder zu verwirklichen. Kinder sind auch nicht dafür da, unser Leben sinnvoll zu machen oder um uns hinter ihnen zu verstecken. Sie haben ihre eigenen Pläne. Kinder gehen, je kleiner sie sind, desto mehr, von der festen Annahme aus, daß ihnen die Welt gehört. Sie sind unersättliche, maßlose Anarchisten und stellen jede Grenze in Frage. Lernen wir von ihnen!

1 EMMA, 12/1981.

Was ist Mutterliebe?

»Die Geschichte ist langweilig und immer dasselbe,
die Bücher zum Thema sind auch nicht das Gelbe ...« (Fehlfarben)

Wir alle, ob wir nun selbst Mütter sind oder nicht, haben Vorstellungen über Mutterliebe. Im Gegensatz zu dem uns von der Gesellschaft übermittelten allgemeinen Frauenbild, das zumindest in feministischen Kreisen stark ins Wanken gekommen ist, sind unsere Bilder, die wir mit Mutterschaft verbinden, so gut wie unerforscht, unbezweifelt und verinnerlicht. Eine Mutter, die Schwierigkeiten hat mit ihrer Mutterliebe, wird sich eher selbst in Frage stellen und nicht das Gefühl an sich. Eine Mutter, die den Ansprüchen an die Mutterpflichten in unserer Gesellschaft nicht genügt, muß mit Verachtung und Sanktionen rechnen, die so stark sind, daß sie sich in akute Gefahr begibt (Psychiatrie, Gefängnis, Entmündigung, Wegnahme der Kinder).

Die Frauenbewegung spiegelt dieses Bild überwiegend wider. Erst an einer Hand abzuzählende zaghafte Versuche stellen einiges in Frage. Überwiegend jedoch wird auch in frauenbewegten Kreisen an Aufopferungsideologien und Mutterliebe appelliert, und sei es indirekt, um zu begründen, warum frau sich nicht traut, schwanger zu werden.

Zu den ›inflationären Münzen‹, wie Alice Schwarzer vieles, was heute als Feminismus verkauft wird, bezeichnete, würde ich fast alles zählen, was an neuen Enthüllungen über Geburt, Stillen, Leben mit Kindern, Mutterschaft auf dem Markt der Mütterlichkeit verkauft wird. In einer Sondernummer der Frauenzeitung COURAGE mit dem alternativen Titel »Rabenmütter« wurde – wohlgemerkt von Feministinnen (!?) – ratlos und kopflos vertreten: Frauen verspüren schon ein schlechtes Gewissen, wenn sie aufschreiben, wieviel Arbeit ein kleines Kind macht; Frauen empfinden sich noch mit einem fünfjährigen Kind leer und nutzlos, wenn es nicht da ist; Eltern (hier eine lesbische Mutter) haben das Recht, über das Liebesleben ihrer 15jährigen Kinder zu bestimmen; Mütter, die ihr Kind zur Adoption freigeben, ohne Trauer zu empfinden, gibt es nicht; Väter sollten nicht das Sorgerecht für Kinder kriegen; Väter an Vaterpflichten erinnern, macht Frauen zu Gebärmaschinen, weil es widernatürlich ist.[1]

Genug davon, das kennen wir doch schon? Da ist sie wieder, unsere Bestimmung: Frau = Mutter = Alleinverantwortung für Kinder = Mutterliebe = Unersetzlichkeit = Zwang über die Kinder ...

Da wird mir schlecht. Gerechtigkeitshalber möchte ich erwähnen, daß es auch Buchveröffentlichungen in meinem Frauenbuchladen gibt

1 COURAGE Sonderheft Nr. 9, Rabenmütter von A–Z.

unter dem ganzen Berg der Mutter-Kind-Bücher, die eine konsequent andere und teilweise feministische Richtung einschlagen. Althergebrachtes in Frage stellen die Autorinnen von »Unsere Kinder, unser Leben«[1], eine äußerst mißlungene Übersetzung des Titels, der amerikanisch »Ourselves and Our Children« heißt und den Inhalt viel eher trifft.

Elisabeth Badinter kommt das Verdienst zu, in ihrer Untersuchung »Die Mutterliebe« diesem Gefühl seinen ›naturgegebenen‹ und allgegenwärtigen Zwangscharakter geraubt zu haben. Ihre Beschreibung anderer historischer Beziehungen zwischen Müttern und Kindern und deren Entwicklung bis heute lesen sich brutal bis beängstigend für unsere zarten Seelen. Und machen frei. Sie machen deutlich, daß ›Neue Mütterlichkeit‹ vor zweihundert Jahren schon einmal und teilweise wortwörtlich mit den gleichen Methoden (Nichtstillen macht Brustkrebs!) unsere Schwestern vom »Lotterleben und den Wissenschaften« zurück zu Kinder, Küche, Kirche getrieben hat. Und sie machen deutlich, daß die ›humanere Welt‹ für Kinder auf Kosten der Frauen geschaffen wurde. Sie öffnen uns die Augen dafür, daß Beziehungen zwischen den Menschen (auch die zwischen Mutter und Kind) nicht ›natürlich‹ und unveränderbar sind, sondern gesellschafts- und kulturbedingt.

Und jetzt sind wir am Zug. Es ist nötig, daß wir uns freimachen von den verinnerlichten Vorstellungen, daß Mutterschaft uns lebenslang zu Aufopferung und Liebe verurteilt. Es ist um so nötiger, wenn wir feststellen, daß sich reaktionäre und scheinbar fortschrittliche Bestrebungen aufs Haar gleichen, wenn sie Mutterliebe als naturgegeben, und das nur den Frauen, verkaufen.

Zu wissen, daß uns Mutterliebe weder von Gott noch von der Natur in die Wiege gelegt wurde, heißt nicht, daß wir unsere Kinder vernachlässigen, prügeln oder töten müssen. Auch hier, denke ich, haben feministische Mütter eine Herausforderung anzunehmen. Wir müssen ganz nebenbei avantgardistische Arbeit leisten. Denn auch hier sind wir erstmals in der neueren Menschheitsgeschichte in der Situation, uns entscheiden zu können: Mutterliebe, ihres Mythos und Zwanges beraubt, **kann** von uns freiwillig empfunden werden. Sicherlich wird sie anders aussehen, als sich das Herr Blüm, Frau Liedloff oder die Zeitschrift COURAGE vorstellen. Unsere Bedingungen sind auch andere als die der Frauen des 17. Jahrhunderts in Frankreich, die E. Badinter beschreibt. (Wir können z. B. Mutterschaft ablehnen oder verhindern.)

Eines ist schon mal sicher. Praktisch von selbst, und wer von uns

1 The Boston Women's Health Book Collective: Unsere Kinder, unser Leben. Reinbek bei Hamburg 1981.

merkt das nicht täglich, ergibt sich das Problem, daß **eine** Mutter nicht ausreicht, um ein Kind, geschweige denn mehrere, überhaupt nur großzuziehen. Da bleibt nämlich wenig Zeit für Liebe und gar keine für uns. Es brechen also große Zeiten an für die Väter und die Gesellschaft überhaupt, auch für die Kinder!

Wir haben gar keine Alternative, wenn wir unsere Kräfte realistisch einschätzen. Doch es geht nicht nur ums Organisatorische. Wir müssen vor allem Ideologien in Bewegung bringen! Wie schnell fühlen wir uns als Rabenmutter, das Prinzip sitzt fest. Rabenmutter? Sagen wir einfach: Na, und?

Ich habe keine Lust, meine Träume zu begraben, und ich hoffe, es gibt viele Frauen, denen es genauso geht. Laßt uns also den Typ der autonomen feministischen Rabenmutter aus der Taufe heben! Laßt uns Neues ausprobieren, neue Lebensformen mit und ohne Kinder, neue Ideen entwickeln, neue wissenschaftliche Untersuchungen machen, neue Anforderungen an uns und unsere Kinder stellen. Für die, die zagen: Schlimmer kann es kaum werden, als das, was unseren Söhnen und Töchtern normalerweise an Männer- und Frauenrollen präsentiert und vorgelebt wird. Doch sollte der Maßstab nicht sein: Was ist gut fürs Kind?, sondern vor allem: Was ist gut für uns? Oft werden sich die Bedürfnisse sogar decken, wenn auch nicht immer.

»Nehmen wir doch einfach zur Kenntnis, daß bei den Frauen ein unbeugsamer Wille entsteht, die Welt und die Kinder mit den Männern zu teilen. Dieser Wille wird die künftige Situation des Menschen mit Sicherheit verändern. Gleichgültig, was sich daraus ergeben mag: das Ende des Mannes oder das wiedergefundene Paradies – wieder einmal wird es an Eva liegen, die die Karten anders verteilt hat.« (E. Badinter)

IV. Warum ich so lebe? Weil's besser nicht geht!

Schlaf Kindchen, schlaf.
Deine Mutter hüt' die Schaf' ...
Dein Vater schüttelt's Bäumelein.
Da fällt herab ein Träumelein.
Schlaf Kindchen, schlaf ...

»Ich habe das dritte Kind auch nur bekommen, weil er zugesagt hat, daß er zu Hause bleiben will.«

Ira N., 34 Jahre alt, Krankenschwester, hat drei Kinder im Alter von 5, 6 und 8 Jahren. Joachim, Iras Mann, der Vater der Kinder, ist ›Hausmann‹.*

»Ich arbeite als Krankenschwester und bin Stationsleiterin, arbeite also 40 Stunden in der Woche. Joachim versorgt seit sechs Jahren die Kinder. Ich verdiene also das Geld, und Joachim ist Hausmann und macht den Haushalt. Momentan ist es so, daß die Kinder eher nach ihrem Vater rufen als nach mir. Das ist aber nicht durchgängig so.

Ich gehe morgens zehn vor sechs weg und bin kurz vor drei wieder zu Hause, wenn ich pünktlich Feierabend machen kann, was allerdings relativ selten ist. Wir wohnen seit einigen Jahren in einem kleinen Doppelhaus mit meiner Mutter zusammen: auf der einen Seite meine Familie, auf der anderen meine Mutter. Ich habe seit über zwei Jahren ein eigenes Zimmer im Hausteil meiner Mutter. Dort schlafe ich, und dort habe ich meinen Schreibtisch. Joachim und ich leben seit über zwei Jahren eigentlich getrennt, das heißt, wir versuchen, als Freunde gemeinsam zusammenzuleben, die Kinder gemeinsam großzuziehen, aber nicht mehr in einem ehelichen Verhältnis. Entstanden ist das dadurch, daß ich mich in einen anderen Mann verliebt habe. Das war der Auslöser dafür, daß wir unsere Beziehung überdacht haben und versucht haben, uns etwas voneinander zu distanzieren. Wir haben beide Beziehungen außerhalb der Ehe.

* Die Namen sind geändert.

Wir sind ganz froh, daß es uns bisher gelungen ist, trotzdem zusammen zu leben.

Ich habe zwischendurch auch mit dem Gedanken gespielt, ganz wegzuziehen. Im Moment ist es so, daß mein Mann versucht, mit anderen Leuten ein Projekt zu verwirklichen, das ist aber noch im Planungsstadium. Wenn das klappen sollte, wird er vielleicht die beiden jüngeren Kinder mit dahin nehmen, und die achtjährige Tochter wird bei mir wohnen bleiben.

Einfach ein Rollentausch ist es bei uns nicht. Ich mache schon noch einen großen Teil der Kindererziehung und tue auch meinen Teil im Haushalt. Das ist ziemlich gleichmäßig verteilt. Zeitweise gab es aber auch Probleme, weil mich die Arbeit ziemlich angestrengt hat und ich zu wenig gemacht habe.

Daß ich weiter arbeite, hat sich beim zweiten Kind ergeben. Joachim wurde aus politischen Gründen arbeitslos, und ich wollte und konnte unter diesen Umständen meine Arbeit nicht aufgeben. Je länger das dann so festgelegt war, daß er Hausmann war, desto klarer wurde mir, daß ich meine Arbeit nicht aufgeben will. Wenn er nicht mehr bereit gewesen wäre, Hausmann zu machen, dann hätten wir uns was anderes überlegt, Tagespflegestellen und Kindergarten zum Beispiel.

Momentan geht nur die Große zur Schule, die beiden anderen haben einen Kindergartenversuch abgebrochen. Sie sind also tagsüber überwiegend bei ihrem Vater. Natürlich haben sie auch Freunde und gehen woanders spielen. Außerdem gehen sie manchmal zu meiner Mutter.

Wir planen jeden Sonntagabend zusammen den Wochenverlauf. Wir sprechen unsere Termine miteinander ab, wechseln uns mit Kinderdienst ab, überlegen, wann wir einen Babysitter brauchen. Eine Zeitlang haben wir es so gemacht, daß wir uns richtig abgewechselt haben, daß jeder nach Wunsch ein oder zwei freie Tage in der Woche hatte, auch ohne Termine. Das machen wir jetzt nicht mehr so. Ich glaube, das ist ein Zeichen dafür, daß wir uns nicht mehr so belastet fühlen mit den Kindern.

Was mir manchmal ein schlechtes Gewissen bereitet, ist, daß Joachim so aus dem Berufsleben raus ist. Ich sage mir aber, daß es auch seine Sache ist, daß er da auch Initiative haben muß, wenn er was ändern will. Insgesamt bin ich aber froh, daß es so ist, und ich bin auch in gewisser Weise dankbar dafür. Ich habe das dritte Kind auch nur bekommen, weil er zugesagt hat, daß er zu Hause bleiben will.

Probleme haben wir nicht mehr damit. Früher gab es das in beide Richtungen, daß Nachbarn zum Beispiel mir auf die Schultern klopften und sagten: »Die Arme muß so schwer arbeiten, und der Mann macht sich ein schönes Leben zu Hause.« Oder von seiten der Familie meines Mannes hieß es: »Du kannst deine Karriere machen und hinderst ihn daran, seine Erfüllung im Beruf zu finden.«

Die Kinder finden es eigentlich nicht komisch oder merkwürdig, daß ich arbeite und ihr Vater zu Hause ist. Die fänden es schon schön, wenn ich nicht immer zur Arbeit müßte. Andererseits sehen sie das auch ein, daß ich Geld verdienen muß und arbeiten will.

Ich arbeite sehr gern. Das ist natürlich ein anstrengendes Leben, wenn ich das gut und gern mache. Im Moment gehe ich zur Schule und mache einen Stationsleitungskurs. Das ist nicht so stressig. Zeitweise, als die Kinder noch kleiner waren, war es sogar so, daß ich mich gefreut habe, wenn ich dem Trubel und der Anstrengung hier zu Hause entfliehen konnte.

Ich mache auch nur das, was ich schaffe. Und wenn der Haushalt chaotisch aussieht – ich mache nur soviel, wie ich kann, und der Rest bleibt liegen. Es ist bei uns nicht so ordentlich, wie in ›normalen‹ Familien. Es ist oft ziemlich unaufgeräumt und manchmal nicht so sauber. Joachim versucht auch nach wie vor, sich vormittags drei Stunden ›für sich‹ zu nehmen, auch jetzt, wenn die Kinder zu Hause sind. Er macht Sachen, zu denen er durch die Situation als Hausmann privilegiert ist, z. B. Töpferkurse und Tanzgruppe am Vormittag. Außerdem ist er politisch engagiert in der Friedensbewegung hier am Ort und in den Leitungsgremien. Er arbeitet auch viel im Garten, so daß wir immer mindestens unseren Eigenbedarf haben. (Das ist eigentlich sein Beruf: Er ist Gärtner.)

Ich denke, für uns ist das im Moment die optimale Lösung. Ein Problem ist allerdings, daß das Geld knapp ist. Ich müßte eigentlich mehr verdienen.

Ich bereue überhaupt nicht, daß ich die drei Kinder habe. Als ich sie bekommen habe, habe ich das noch sehr eng mit Ehe und Beziehung verbunden. Das konnte ich damals nicht anders. Aus meiner heutigen Sicht würde ich nicht wieder heiraten und Kinderkriegen nicht so eng an eine Beziehung ›fürs Leben‹ binden. Ich weiß natürlich nicht, ob ich so viele Kinder haben wollte ohne festen Partner, weil ich mir die Kleinarbeit beim Kinderaufziehen schon gern zu einem großen Teil abnehmen lasse. Kinder zu wickeln und Windeln zu waschen ist nicht das, was ich für mein Leben ersehne oder ersehnt habe.

Ich glaube, so wie wir es machen, bekommt es den Kindern ganz gut – sie werden auf der einen Seite nicht überbetütelt – aber wir liegen zum Beispiel auch oft mit ihnen im Bett und kuscheln. Ich finde sie ziemlich selbstbewußt, selbständig und erstaunlich gut in der Lage, ihre Meinungen und Beobachtungen zu äußern und auszudrücken.«

»Er war der Bessere, um das Kind großzuziehen.«

»Ich war als Jugendliche überzeugt davon, daß es Liebe nicht gibt, deshalb wollte ich nie heiraten und nie was mit Liebe zu tun haben. Was ich kennengelernt hatte, die bürgerlichen Normalehen, war mir zu verlogen, zu lieblos.

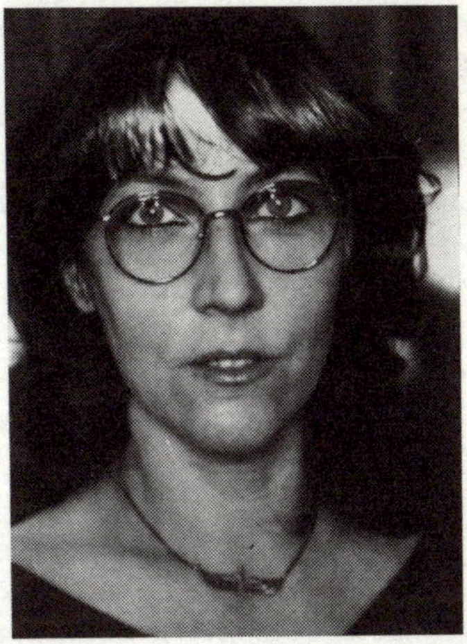

Inga Di Mar, 40, Filmemacherin, Künstlerin und Journalistin, hat eine Tochter (20), die beim Vater aufgewachsen ist.

Dann lernte ich mit 16 den T. kennen. Der entsprach meinen Qualitätsvorstellungen, aber wir wollten beide keine Liebe. Nach drei Jahren wollte ich ganz egoistisch endlich jemand liebhaben und habe mir ein Kind gewünscht. Ich habe mich umgeguckt nach dem besten Vater, dem Intelligentesten, dem Charakterfestesten, dem Größten, dem Schönsten, dem Stärksten in meiner Umgebung, und bin da halt wieder auf den T. gekommen, der 14 Jahre älter war als ich und eine Ehe hinter sich hatte. Ich habe mir ein Baby gewünscht und hab es dann auch gekriegt. Kurz vorher haben wir doch noch geheiratet. Wir waren furchtbar happy, es war unser Wunschkind. Die ersten zwei Jahre war auch alles relativ einfach, da ging es um Liebe und Versorgen und Füreinanderdasein, davon kann ich genug geben. Als das Kind älter wurde, fühlte ich mich völlig überfordert, denn als der kleine Geist auch geschult werden wollte, merkte ich, daß ich mit meinen zwanzig Jahren noch so wenig wirklich wußte. Ich war immer nur in Opposition zu dieser ganzen Umwelt gewesen, mit Camus und Sartre und was in der damaligen Zeit so ablief. Aber wie man's besser macht, das wußte ich auch nicht. Und als ich auf dem Spielplatz sah, mit welcher Gnadenlosigkeit Mütter den ihnen selbst andressierten Schwachsinn an die ihnen hilflos ausgelieferten Kinder weitergeben – da hab ich Horror gekriegt. Da hab ich ›das Verbrechen des Muttertums‹ erkannt, das darin liegt, nicht zu hinterfragen, nach keiner eigenen inneren Überzeugung zu suchen, nur weiterzugeben. Das hat mich wahnsinnig runtergezogen. Da bin ich weggegangen.

Ich wollte auch, wie es vor unserer Ehe schon klar gewesen war, noch was machen, Kunsthochschule und so was. Ich wollte früher immer Malerin werden, ganz früher Dompteuse. Das hatte T., mein Exgöttergatte, nicht sehr ernst genommen, und ich selbst war ja noch so unbewußt und am Suchen, daß ich mich dafür noch nicht stark machen konnte. Ich habe dann damals gerade Geld geerbt, war also finanziell durchaus imstande, mein Töchterchen untern Arm zu nehmen und zu verschwinden. Mein Exgöttergatte hatte aus erster Ehe zwei Kinder, die er nicht mehr sehen konnte, und er litt die ganzen Jahre sehr darunter. Das war die eine Überlegung, weshalb ich meine Tochter bei ihm ließ. Die andere war: Ich wußte nicht, was auf mich zukommt. Ich galt damals als ziemlich wildes Viech und war doch ganz tierchenhaft – unbewußt und vital.

Ich habe dann auch Situationen erlebt, an denen mancher vielleicht zugrunde gegangen wäre. Ich habe mir alles, alles angeguckt, erlebt, ganz vieles durcheinander, habe alle Gesellschaftsschichten durchlaufen, wollte wissen, was ist. Das wäre wirklich nicht optimal gewesen für die Kleine, wenn sie das alles hätte mitmachen müssen.

Ich wußte sie bei einem Vater, der sie mindestens genauso liebt wie ich, ließ ihm etwas Geld von meinem Erbe, und das war die optimale Lösung. Ich habe sie in dem Sinne nicht im Stich gelassen. Ich bin für meine Tochter weggegangen, um das zu finden, womit ich wirklich vor ihr geradestehen konnte. Im Zusammenleben mit den beiden konnte ich das nicht finden, obwohl ich sie liebte.

Ich hätte es nie ertragen, wenn mein Kind zwischen geschiedenen Eltern zerrissen worden wäre. Das habe ich nie eingesehen, wozu das sein soll. T. und ich haben uns freundschaftlich auseinandergesetzt. Klar, ich habe mein Leben und gehe meinen Weg, mein Mann hat sein Leben und geht seinen Weg, und mein Kind hat aber auch ein gleichwertiges Leben und muß auch seinen Weg gehen. Da können wir nur beisteuern. Besitzanspruch wollte ich nicht. Jeder ist ein kleiner Planet für sich. Aber eine zwangsweise Verschmelzung würde eine Explosion bedeuten, und dann wären es nur noch Bruchstücke. Man kann nur dichter beieinander oder weiter entfernt voneinander vorsichtig umeinander kreisen, sich be-

rühren. Soweit war das klar damals zwischen uns, auch daß die Verbindung zwischen uns weitergehen würde.

Ich bin Schritt für Schritt weggegangen. Zuerst aus der Vater-Mutter-Kind-Isolation, dann raus in eine andere Wohnung, dann raus aus der Stadt. Dann bin ich quer durch Deutschland gezogen.

Wir hatten einen Vertrag ausgearbeitet: Derjenige, bei dem das Kind ist, der kommt auch ernährungsmäßig und so für es auf, und irgendwelche Gesetze und Verpflichtungen interessieren uns nicht, wir bleiben uns selber treu, unserer Weltanschauung, unserer Lebensphilosophie.

Natürlich habe ich meine Tochter und T. immer wieder besucht, wir haben viel miteinander telefoniert, uns geschrieben, manchmal haben sie mich beide besucht, da waren wir wieder ein Weilchen beisammen, manchmal war die Kleine alleine bei mir, kam mit dem Flugzeug zum Kindertarif und später mit dem Zug.

Irgendwie war das wahnsinnig toll. Innerlich hatte ich trotzdem jahrelang einen Riesenhorror, weil ich fürchtete, es würde sich so viel verändern, weil ich am Alltag nicht so teilnahm. Ich habe viel Angst gehabt in dieser Zeit um die Beziehung zu meiner Tochter. Aber immer, wenn sie kam, ging das gut. Da haben wir genau da angesetzt, wo wir aufgehört hatten, und die ersten Nächte, wenn wir uns lange nicht gesehen hatten, lagen wir immer bis zum Morgengrauen im Bett und haben uns erzählt und uns gegenseitig auf den Stand gebracht, auch schon, als sie noch ganz klein war.

Ich hatte immer im Kopf, wenn ich meinen Weg gefunden hätte, wollte ich wieder zurück. Nach anderthalb Jahren wollte aber der T. wieder heiraten. Das mußte ich erst mal wegstecken.

Irgendwie mußte ich mir schon vorstellen, daß die neue Frau mich auf den Mond wünschte, weil ich noch so intensive Beziehungen zu meiner Tochter und zu T. hatte. Aber das ging gut. Sie wußte, auf was sie sich einläßt. Wir haben ein Konzept gemacht und geredet und diskutiert. Ich habe gesagt: Ich verzichte auf den Alltag, aber in keiner Weise auf die Beziehung. Das sehe ich als Stärke. Mich hat es immer gestört, daß Leute oft nicht sagen können, was sie wollen und statt dessen Psycho-Spielchen erfinden, den anderen raten zu lassen und sauer zu sein, wenn er nicht das Richtige errät ... Das ist so zwanghaft. Ich sage, was ich will, und gebe dem anderen die Möglichkeit zum Ja oder Nein. Nur so kriege ich eine Wirklichkeit zustande. Ich lasse mich auf eine ganze Menge von diesen Psycho-Verwirrspielchen nicht ein. Ich sehe, wie viele Leute wahnsinnig davon geworden sind.

Ich habe meinen Exgöttergatten und meine Tochter so lieb, ich würde alles für die tun. Mittlerweile auch für die jetzige Frau von T., die gehört für mich schon lange dazu. Ich würde es mit der ganzen Welt aufnehmen, um für die drei zu kämpfen. Ängste hatte ich schon, aber lieber hätte ich alles zusammenkrachen lassen, als von dieser Überzeugung runterzugehen. Ich wollte eine Qualität in der Beziehung. Ich bin daran auch gereift.

Es hat trotzdem einige Jahre mit der ›neuen‹ Frau gedauert, bis auch die Gefühle echt und gewachsen waren zu dem, was wir uns aus weltanschaulicher Überzeugung erarbeitet hatten. Die alten Strukturen kommen immer wieder mit allen Verführungskünsten. Es gab auch Rückfälle in diese althergebrachten Verhaltensweisen, die so tief in einem drin sitzen, so massiv. Da muß man sehr aufpassen, denen muß mit Hartnäckigkeit begegnet werden und Dickköpfigkeit, aber ohne Bösartigkeit. Deshalb haben wir's wohl auch geschafft – weil wir nie bösartig gegeneinander geworden sind.

Ich habe auch darunter gelitten, daß ich so ein Außenseiter bin, und oft unwahrscheinlich große Sehnsucht nach den beiden gehabt. Da habe ich mir die Pflicht auferlegt, Selbstdisziplin zu lernen und dann nicht gleich anzurufen oder hinzufahren und ihren Alltag mit einem Gefühlsdrama durcheinanderzubringen. Ich habe dann gewartet, bis ich meinen inneren Frieden wieder hatte. Das sind Sachen, die mußt du mit dir selber ausmachen.

Ich habe mich anderen gegenüber immer als Mutter mit Kind dargestellt, auch wenn meine Tochter nicht bei mir war. Ich habe das jedem auf die Nase gebunden, ob er's wissen wollte oder nicht, denn vom Gefühl her war ich den beiden schon sehr verbunden – sie sind meine Familie.

Ich würde sagen, er war der Bessere, um das Kind großzuziehen. Ich habe nie ein Schuldgefühl gehabt deswegen, weil ich ja immer bereit gewesen wäre, sie um mich zu haben, wenn es da nicht was Besseres gegeben hätte. Als ich dann später ›mein Ding‹ gefunden hatte, das Filmemachen, war ich auch durchs Studium und meinen Beruf viel unterwegs.

Die Zwänge gibt's nur, wenn man an sie glaubt. Das sind alles gedachte Sachen. Gedachte Sachen sind keine Wirklichkeit, es sei denn, man macht sie sich zu seiner Wirklichkeit. Und damit begibt man sich u. U. selber in Fesseln, an denen dann die Seele krepiert. Und wenn nicht meine Seele, dann die Seele meines Kindes. Mir geht's ums Lebendigsein, um Lebensfreude fühlen, Lebensgefühl haben können. Die Inhalte interessieren mich mehr als die Formen. Ich habe auch in meiner künstlerischen Arbeit lange Mühe damit gehabt, das zu verbinden. Ein guter Inhalt ist wichtig, Formen lassen sich auswechseln. Das ganze Ritual, mit dem die Menschen sich unterdrücken lassen, ist Formenfetischismus.

Ich habe auch Auseinandersetzungen mit meiner Tochter gehabt. Als sie zwölf war, war unsere Beziehung anderthalb Jahre lang recht abgekühlt, aber eines Tages stand sie dann wieder auf dem Bahnsteig und fiel mir um den Hals, und es folgten wieder die Nächte des Erzählens.

Als sie 18 war, wollte sie eine Zeit bei mir leben, bei mir im Produktionsbüro helfen und die Kunsthochschule besuchen. Das war eine heiße Zeit. Da hat sie dann die erste Ohrfeige ihres Lebens von mir kassiert – ich habe anschließend anderthalb Stunden im Auto gesessen und geheult. Das kam, weil sie grade in der Punkphase war, nur aus totaler Verweigerung bestand und Bocklosigkeit. Wenn sie krank oder schwach gewesen wäre, in einer Lehre oder Schulausbildung, dann hätte ich mich verpflichtet gefühlt, den Rubel für sie mit ranzuschaffen und sie mit durchzuziehen. Aber dafür, daß eine gesunde, kluge, clevere Achtzehnjährige sich den ganzen Tag im Bett herumdreht – dafür gehe ich nicht arbeiten – kommt nicht in Frage. Ich habe ihr gesagt, daß mir meine Lebenszeit dafür zu schade ist, ihr Anspruchsdenken mit Zuhälterei und Vampirismus gleichgesetzt und ihr gesagt, daß sie sich dafür jemand anderes suchen muß.

Das wurde in aller Heftigkeit ausgetragen. Sie telefonierte mit ihrem Papi und beschwerte sich über mich. Ich auch: ›Was habt ihr bloß aus dem Kind gemacht?‹ und so. Das endete dann mit der Ohrfeige.

Das war echt heftig, aber das hat unsere Beziehung stabilisiert. Daß sie den Punkt rausgekriegt hat, wo sie mich nicht in die Tasche stecken kann.

Allerdings waren da auch noch andere Momente. Sie steigerte sich rein in alle Lebensängste, hat wahnsinnig bewußt die negativen Vorgänge in unserer Gesellschaft wahrgenommen, hat unwahrscheinlich darunter gelitten. Sie hat kein Ziel mehr gesehen, wollte auch aus dem Fenster springen, hatte nichts dagegen zu sterben. Diese ganzen schlimmen Phasen, die ich auch von früher her kenne. Da haben wir nächtelang geredet, und ich war wirklich auch so fertig, weil sie mit ihrer Wahrnehmung ja auch so recht hat, daß ich auch geheult habe und nur noch völlig fertig dastand. Und das einzig Wirkliche war, daß ich ihr sagen konnte, daß es m i r wahnsinnig wichtig ist, daß sie lebt. Wir haben da gemeinsam gelitten. Das hat unsere Verbindung um eine Ebene erweitert und verstärkt.

Es waren immer Phasen, wo wir vorsichtig miteinander geworden sind und dann wieder ganz dicht und ganz stark aufeinander zugegangen sind.

Ein halbes Jahr nach der Ohrfeige saß ich an einem Film, mußte einen Sendetermin einhalten, habe Tag und Nacht durchgearbeitet und war total fertig. Und an meinem Geburtstag klingelte es plötzlich, sie kam mit ihrem Freund angereist, und als ich erschöpft in den Seilen hing, da kam sie an und hat mir Energie durchgeschickt.

Auf solchen Ebenen verstehen wir uns unglaublich. So Energie durchschicken mit Handhalten, Ruhe und Power durchgeben – das, was ich früher auch mit ihr gemacht habe, wenn sie nervös war. Das habe ich alles voll zurückgekriegt im positivsten Sinne. Ich habe auch mal dagestanden und habe vor Freude geheult, als ich erkannt habe, daß ich sie lieb haben kann, weil sie ein toller Typ ist, daß ich sie nicht lieb haben muß, weil sie mein Kind ist. Das hat mich glücklich gemacht.

Worte sind wie ungeborene Kinder –
wenn man sie in die Welt setzt,
ist man für sie verantwortlich.
Inga Di Mar

Nachmeldung:
Grade jetzt, im März '85, wachte ich eines Morgens auf, schluchzend, mit nassen Augen, und hatte meine Tochter geträumt, mit einem Gesichtchen, in dem die Adern wie bloßgelegt unter durchsichtiger Haut zuckten, einem Gesichtchen, das glühte vor Leid. Gewohnt, nicht in der ersten Aufregung zu handeln, klingelte ich erst abends bei ihr durch, und sie war quietschvergnügt, putzmunter und wonnig drauf, ich weinte vor Erleichterung. Drei Wochen später stand sie bei mir vor der Türe, weil sie sich von ihrem Freund trennen mußte, wollte nicht darüber reden, was ich akzeptierte. Doch dann kam sie von sich aus darauf zu sprechen, und wir zwei Frauen tauschten Erfahrungen aus in einer absoluten Offenheit, über den Respekt vor dem Sein des anderen, der zur Liebe gehört, aber auch über die Notwendigkeit, sich zu trennen, wenn die Weiterentwicklung stagniert, daß Trennung nicht nur Verlust bedeutet, sondern auch Bereicherung sein kann.

Ich denke nicht, daß Menschen, die sich und ihren Kindern das Leben zur Hölle machen, grundsätzlich schlechte Menschen sind. Ich denke, daß ihr Bewußtsein, vor allem aber ihr Unbewußtsein (ich mag das Wort Unterbewußtsein nicht, denn es ist genauso oft ein Über- oder Oberbewußtsein) von unseren gesellschaftlichen Strukturen geprägt ist, in denen Leiden etwas Selbstverständliches ist. In dem Zustand des Leidens kennt man sich aus, findet man sich zurecht. Vor dem Sprung ins Neuland, in ein möglichst leidfreies Dasein, scheut man leicht zurück, aus Angst vor dem Unbekannten, dabei ist dieser Zustand nicht nur viel schöner, sondern auch ökonomischer: Es werden eine Menge Energien dabei frei, die man zur Bewältigung anderer Anforderungen sehr gut gebrauchen kann – und obwohl das so wichtig ist, wird es einem nirgends beigebracht!«

»Das Blöde ist nur: Jetzt bin ich auch nicht glücklich.«

Judith Arndt, 26 Jahre alt, hat ein abgeschlossenes Kunststudium. Ihr fünfjähriger Sohn lebt bei seinem Vater.

»Ich war 21 und im 2. Semester an der Kunstakademie. Ich kannte meinen Freund knapp ein Jahr, als ich schwanger wurde. Und zwar merkte ich das erst, als ich in den Semesterferien in Israel war. Für mich war damals sofort klar, daß ich kein Kind wollte. Ich kümmerte mich um eine Abtreibung in einem israelischen Krankenhaus. Ich bekam problemlos einen Termin, der Arzt fragte nur: ›You are not married? That's enough.‹ Gekostet hätte es auch nicht viel, so um die 200 Mark...

Aber – ich hatte meinem Freund davon geschrieben. Ich fühlte mich völlig alleine, wollte mit jemandem reden und hätte Hilfe gebraucht. Mein Entschluß abzutreiben stand aber fest. Jetzt kommt der Clou...

Ich fuhr am besagten Tag morgens los, etwa eine Stunde mit dem Bus zum Hospital, unterwegs trank ich einen Orangensaft, weil es so heiß war. Als ich dann im Hospital gefragt wurde, ob ich was gegessen oder getrunken hatte... ›Dann können wir den Eingriff leider nicht machen‹ – wegen der Vollnarkose. So. Scheiße.

Ich fuhr zurück zum Kibbuz und – da stand mein Freund. Und jetzt fing das Drama erst an. Er begann, sich von seiner allerbesten, menschlichsten Seite zu zeigen, beteuerte mir seine Liebe und beschwor mich, nicht abzutreiben. Aus allen möglichen moralischen und humanen Gründen – außerdem wäre es doch vielleicht genau das, was ich bräuchte, damit ich nicht mehr so herumflippe... Er wäre auf jeden Fall bereit, sich auf das Kind vorzubereiten und es aufzuziehen...

Das, was da ablief, diese Art der Beeinflussung, war so gemein, mir so zuwider – mein Haß gegen ihn wurde dadurch nur größer. Ich liebte ihn nicht und wollte kein Kind.

Und trotzdem habe ich den allerletzten Termin für die Abtreibung sausen lassen, als wir wieder in Deutschland waren. Diese Entscheidung habe ich während der Schwangerschaft noch oft bereut, aber ich mußte mich dann wohl oder übel auf das Kind einstellen. Und das tat ich – natürlich mit meinem Freund – bewußt und mit aller ›natürlichen Geburts‹-Literatur à la Leboyer usw. Wir hatten eine Hausgeburt in einer Wohngemeinschaft, wo auch ein zweijähriges Mädchen war. Als mein Sohn dann da war, war das gefühlsmäßig o. k. Er gefiel mir. Es war zwar alles neu und scheißviel Arbeit, aber ich kam damit klar. Ich stillte ihn fast zwei Jahre lang...

Also, ich hatte trotzdem andere Interessen, andere Wünsche, als nur

Mutter zu sein, wie ich das bei vielen anderen Frauen mit Kindern sah. Ich bin also flippig geblieben. Im ersten Jahr mit meinem Kind bin ich mit dem Auto durch halb Deutschland gefahren, habe alte Freunde besucht, bin auf Ausstellungen gegangen. Ich fing an, mein Kind zu lieben …

Ich verliebte mich bald neu – ich war auch während der Schwangerschaft dauernd in irgend jemanden verliebt gewesen und hatte was mit denen. Und mir ging es bald auf, wie stark ich jetzt an das Kind gebunden war. Er klaute mir meine Zeit.

Ich hatte oft keine Lust, Mutter zu sein. Ich wollte wieder malen, Zeit haben, auch nachts weggehen können, wie die anderen auch, aber ich mußte dauernd beim Kind sein.

Und der dazugehörige Vater? Ihm lag viel daran, ›daß das Kind in den ersten drei wichtigsten Lebensjahren keine schwerwiegenden Ängste abkriegt, die ihm später ein Leben lang nachhängen könnten‹. Oh, ich hatte Wut!

Ich war oft unzufrieden mit der Situation, die ich mir da eingehandelt hatte, aber ich konnte dem Kind nie die Schuld geben. Er machte mir Spaß – das sage ich nicht, um mein Gewissen zu beruhigen – es war so. Ich akzeptierte ihn, und ich hatte schon ganz früh eine eher kumpelhafte Beziehung zu ihm, statt so eine überlegene, autoritäre.

Beruflich war für mich alles im unklaren. Ich war an der Akademie, setzte mich mit der ›Avantgarde‹ oder den ›Antis‹ auseinander und hätte so gerne einen grandiosen Beitrag geleistet.

Trennung war angesagt. Ich zog von meinem Freund, dem Vater des Kindes, weg in eine andere Stadt. Ich fand dort eine Krabbelgruppe für das Kind, wo lauter Eltern drin waren, die alles ganz genau nahmen und die mich zum Teil stark für das angriffen, was ich mit meinem Kind machte.

Mein Sohn war anderthalb Jahre. Ich ging zurück und redete mit seinem Vater. Wir beschlossen, daß der Junge zu ihm ziehen sollte. Als er ungefähr zwei Jahre alt war, wohnte er dann ständig bei ihm – was er in dieser Zeit erlebt hat, weiß ich nicht …

Ich besuchte ihn das erstemal erst zwei Monate nach der Trennung. Und er gewöhnte sich, scheint es, schnell daran, daß ich weg war und er nur seinen Vater hatte.

Ich war froh, endlich wieder Zeit zu haben. Es fiel mir leicht, mein Kind nicht mehr zu haben. Das ist genau das, was andere Mütter nicht verstanden oder verstehen. Da steht frau dann als Rabenmutter da.

Mein Sohn ist jetzt fünf Jahre alt. Ich sehe ihn selten, so alle zwei Monate.

Das Blöde ist nur: Jetzt bin ich auch nicht glücklich. Ich habe oft ein schlechtes Gewissen. Die Leute, mit denen ich zusammen bin, akzeptieren mich und meine Entscheidung. Gut, meinem Sohn geht es gut, er vermißt mich nicht und entwickelt sich ›normal‹. Aber ich selbst leide.

Ich bin fertig mit dem Akademiestudium – ohne Karriere gemacht zu haben oder sonst noch irgendwelche Lust auf Kunst zu haben. Ich habe viele Klamotten genäht und gehe jetzt auf eine Schneiderschule.

Ich habe nach der Trennung von meinem Kind drei Jahre alleine gewohnt, und mich wundert es, wie ich das ausgehalten habe. Mir ging es oft wahnsinnig schlecht. Aber ich habe nicht die Trennung von meinem Kind als Grund angesehen, sondern meine eigene Unfähigkeit, Zeit zu allem zu haben. Ich zeige das nicht nach außen – ich verachte mich im stillen.

Es braucht dir keiner zu sagen, daß du eine Rabenmutter bist – gegen andere funktioniert die Ratio ganz gut. Aber das Bewußtsein davon ist so einverleibt (Wir brauchen keinen Hitler mehr – wir haben den Faschismus verinnerlicht).«

»Ich führe genau so ein Leben wie ein Top-Manager.«

Hannelore W., 35 Jahre, Buchhändlerin, Sekretärin, z. Zt. Studentin mit Kneipen-Job, lebt allein mit zwei Kindern (7 und 9 Jahre), die sich schon fast allein versorgen.

»Ich bin eine alleinstehende Mutter, lebe seit vier Jahren mit meinen Kindern allein in einer abgeschlossenen Wohnung. In unserem Haus gibt es noch eine andere alleinstehende Frau mit zwei Kindern, mit der wir sehr eng zusammenleben, sowohl was das Organisatorische als auch viele persönliche Dinge betrifft.

Ich bin noch nicht geschieden, die Scheidung läuft gerade, aber wir haben schon besprochen, daß ich das Sorgerecht kriege. Ich will die Kinder, und das ist auch in der Praxis so. Der Vater der Kinder wohnt hier in der Nähe, und wir arbeiten relativ gut zusammen. Er unterstützt mich auch bei der ganzen Arbeit mit den Kindern. Er hat sie jedes zweite Wochenende und nimmt sie auch mal in der Woche. Trotzdem ist es so, daß die ganze Verantwortung und die ganze Sorge und die ganze Arbeit letztendlich bei mir liegen.

Ich fange jetzt mit 35 Jahren noch mal an zu studieren, auf der Grundlage einer ganz unsicheren Finanzierung. Meine Kinder gehen beide in die Schule und in den Kindergarten. Bisher konnte ich sie morgens losschicken, weil ich nachts gearbeitet habe in einer Kneipenküche – das muß ich wohl auch weiterhin, um das Studium zu finanzieren. Wenn ich jetzt früher aus dem Haus muß als sie, dann stellen wir den Wecker, und sie gehen alleine los. Das können sie auch.

Ich habe meine Kinder eigentlich sehr gerne, und sie sind mir auch sehr wichtig, aber sie sind nicht das Ein und Alles in meinem Leben. Ich fühle mich als gleichberechtigter Partner meiner Kinder und will nicht, daß die Kinder über mir stehen. Ich habe auch meine eigenen Interessen, Wünsche und Bedürfnisse. Ich versuche, das so hinzukriegen, daß das alles nicht zu kurz kommt. Ich denke, daß das für die Kinder auch wichtig ist, daß ich mich wohl fühle, und ich weiß, daß ich mich wohl fühle, wenn ich Sachen machen kann, die mir auch Spaß machen und die ich für notwendig halte.

Ich denke, daß ich nach außen vielleicht den Eindruck vermittele: Die hat das alles toll im Griff. Und in bestimmter Weise stimmt das auch: Sachen zu organisieren, das fällt mir nicht so schwer. Es kollidiert aber auch schon mal, und es geht mir manchmal nicht gut bei solchen Kollisionen, aber ich bin auch nicht so'n Typ, der das so vermittelt. Und dann ist das oft ganz praktisch auch ein Zeitproblem, denn wenn ich wirklich mal schlecht drauf bin, dann habe ich gar keine Zeit, da groß drüber nachzudenken oder mich darin zu ergehen, weil die Ereignisse des Tages mich dann schon wieder überrollen. Das hat bestimmt auch Nachteile. Das ist noch so'n Punkt: Ich bin dabei zu lernen, das auch mal rauszulassen, wenn es mir mal nicht so gut geht. Mir geht's aber mehr gut als schlecht.

Meine Kinder sind relativ selbständig. Mein Sohn ist mit zwei Jahren in den Kindergarten gekommen, meine Tochter mit knapp einem Jahr. Sie sind es von Anfang an gewöhnt, auch mal bei anderen Leuten zu übernachten, immer auch andere Leute um sich zu haben. So Probleme, wie ich sie bei anderen sehe, die mit den Kindern ins Bett müssen oder wo die Kinder nicht woanders schlafen, gut, das gab's mal, aber das war die Ausnahme. Ich habe immer versucht, die Kinder so unterzubringen, daß ich wußte, es geht ihnen gut da, und sie fühlen sich unterm Strich auch wohl. Ich habe schon auch immer gewußt, daß, selbst wenn es mal Weinen gab, dies wieder aufhört, wenn ich weggegangen war. Ich habe relativ viele Freunde, so daß ich die Kinder immer gut unterbringen kann, wenn das mal notwendig ist.

Wenn ich nachts arbeite, bleiben sie allein, ohne Babysitter. Wenn es mehrere Nächte hintereinander sind, kommt auch mal ihr Vater und bringt sie ins Bett. Aber sie bleiben auch, wenn ich so halb sechs abends weggehe, allein, gehen allein ins Bett, und das klappt.

Und dann gibt es solche Situationen wie nach dem Frauenfest, wo ich durchgefroren im Morgengrauen hier ankam und dachte: ›Oh, jetzt zu meiner Tochter ins Bett und mich ankuscheln.‹ Und dann lag hier ein Zettel. Sie hatte ihren Vater angerufen, weil sie so traurig war, und er hat sie dann in der Nacht abgeholt. Das gibt's dann auch. Das ist aber nicht so, daß mir das zum Vorwurf gemacht wird, denn soweit kann ich mich mit dem Vater verständigen, daß es ja gut ist, wenn sie anruft und abgeholt werden kann. Das entspricht sicher nicht den üblichen Vorstellungen.

Aber es gibt da mit den Kindern wirklich wenig Probleme.

Die Kinder schlafen öfters bei ihm. Jetzt, seit sie schon etwas größer sind, geht das auch, er stellt ihnen den Wecker. Einen, wenn sie aufstehen müssen, und einen, wenn sie aus dem Haus müssen. Wir überlegen gerade, ob wir das mit dem Neunjährigen so machen, daß er flexibel hin- und hergehen kann.

Ich habe die Verantwortung, aber andere Leute geben auch Zeit für die Kinder: Schule, Kindergarten, Vater, meine Schwester. Im letzten Sommer habe ich allein Urlaub gemacht. Während der Frauenwoche waren die Kinder beim Vater bzw. bei der Oma.

Es ist natürlich schon so, daß die Zeit, die ich für die Kinder habe , unwahrscheinlich kurz ist. Ich meine jetzt nicht nur das Pflegerische, sondern was darüber hinausgeht, die Liebe oder so. Gerade, wenn ich jetzt nachts arbeite, tagsüber studiere und noch 25 andere Sachen gerne gleichzeitig machen möchte. Das muß sich jetzt konkret rausstellen, ob ich das alles so durchhalte.

Seitdem ich in der Kneipe arbeite, war ich kein einziges Mal, außer mit den Kindern nachmittags, im Kino. Und ich gehe eigentlich unwahrscheinlich gerne ins Theater, guck' mir gern Werkaufführungen und so kleine Sachen an, ja, und ich war einmal im Konzert in diesem Winter und sonst nicht. Und das fehlt mir auch.

Entweder arbeite ich abends oder habe Termine von Gruppen, in denen ich arbeite. Und wenn dann mal ein Abend ist, an dem ich nicht arbeite und keinen Termin habe, dann kann ich aber nicht auch schon wieder um sieben weggehen, dann muß ich mal mit den Kindern so'n bißchen rumdödeln. Denn tagsüber sehen wir uns kaum, und selbst wenn sie mal nachmittags zu Hause sind – die spielen ja doch meistens draußen. Das geht ja meistens so, daß ich sagen muß: ›Wollen wir nicht mal zusammen was machen?‹ Die haben ihre ganzen Freunde hier, und wenn es nicht gerade junge Hunde regnet, dann ist es hier vorm Haus voll mit Kindern. Oder wir machen gerade wirklich mal was zusammen, dann klingelt's garantiert, und die Kinder werden abgeholt von ihren Freunden. Einerseits freue ich mich dann manchmal über die Stunde, die ich für mich habe, andererseits denke ich dann auch mal: ›Wir sehen uns nur noch im Treppenhaus, und dann gehe ich zur Arbeit.‹ Die sind eben überhaupt nicht klettig.

Manchmal fühle ich mich als Rabenmutter. Ich habe schon mal ein schlechtes Gewissen, weil ich so wenig Zeit habe, und die Zeit, die wir gemeinsam haben, auch oft nur so halbherzig mit den Kindern verbringe. Wenn wir zum Beispiel Abendbrot essen, und ich denke schon: ›Gleich klingelt's, und dann kommt meine Frauengruppe, und nun aber schnell, eigentlich wolltest du auch noch was vorlesen ...‹ Oder wenn ich dann auch mal längere Zeit lang und an Wochenenden nicht da bin. Und dann kommen natürlich auch diese ganz alltäglichen Situationen von Schule und Kindergarten: Fasching zum Beispiel. Wo also andere dann die Wahnsinnskostüme nähen und ich dann immer sehr froh bin, wenn meine Tochter irgendein olles Kleid aus der Grabbelkiste nimmt und sich eine Krone selber bastelt und sagt: ›Bin ich nicht eine hübsche Prinzessin?‹ Meine Kinder stellen schon gar nicht die Anforderung an mich, so was zu machen, und dann denke ich manchmal, daß eben andere viel mehr mit ihren Kindern machen.

Der Rabenmutter-Vorwurf kommt manchmal mir gegenüber, und wenn es nur im Scherz ist. So eine Spitze hat das immer. Zum Beispiel letztes Jahr im Bildungsurlaub mit Kindern, da waren wirklich alle Arten von Müttern, von so ›Vollblutmüttern‹, bei denen die Kinder die ersten tausend Geigen spielten, bis hin zu mir – ich war so am anderen Ende, und da mußten wir unter anderem mal eine Liste aufschreiben, was die Kinder für uns positiv bedeuten und was negativ. Und ich habe dann gesagt, daß mir zu positiv erst mal gar nichts eingefallen war. Die anderen haben dann gesagt: ›Also, daß du eine Rabenmutter bist, das war uns von Anfang an klar.‹

Ich denke, das ganze gesellschaftspolitische Leben ist hier überhaupt nicht auf Mütter mit Kindern abgestimmt. Entweder bist du ›Hausfrau und Mutter‹ oder du bist ›erwerbstätig‹, aber es gibt kaum Möglichkeiten, beides miteinander zu kombinieren. Die Erwerbstätigkeit ist überhaupt nicht auf Frauen mit Kindern ausgerichtet, und wenn du nicht erwerbstätig bist, erlebst du oft eine starke Isolation und kannst auch nicht die Sachen machen, die du willst.

Ich stelle mir in meinen Träumen vor, wir müßten ganz andere Arbeitszeiten haben, flexibler mit den Sachen umgehen. Zum Beispiel arbeiten können in der Zeit, in der die Kinder in der Schule und im Kindergarten sind; morgens auch flexibel anfangen können – was ist das manchmal morgens schon für ein Streß! Als ich noch berufstätig war, ging es mir oft so. Die anderen, alleinstehenden Kolleginnen kamen an, munter, frühstückten erst mal in der Firma, während ich dann manchmal schon ankam und dachte, bei mir ist der Tag eigentlich schon gelaufen bei dem, was in den zwei Stunden morgens schon alles passiert war. Dieser Druck, zu einer bestimmten Zeit da zu sein – da denke ich, das könnte man viel besser handhaben. Es müßte viel mehr Ganztagsschulen geben, daß es auch für die Kinder nicht so ein Streß ist mit Schule und Kindergarten. Für viele Frauen ist ja gar nicht die Alternative: Bin ich jetzt zu Hause, oder bin ich jetzt erwerbstätig? Für mich würde sich das gar nicht stellen. Ich muß halt erwerbstätig sein. Das ist ein materieller Zwang.

Aber wenn ich den materiellen Zwang nicht hätte – ich würde immer irgendwas machen wollen. Mein größter Traum wäre, ein Einkommen zu haben, das von der Arbeit, die ich als Familienfrau und Mutter tagtäglich mache, ausgeht. Und das, ohne irgendwelche ökonomischen Abhängigkeitsverhältnisse wie ›Mann‹ oder ›Firma‹ eingehen zu müssen. Und auf dieser Grundlage dann ein selbstbestimmtes Leben zu führen: Arbeiten und Lernen in Bereichen, die ich für wichtig halte und die noch außerhalb der Bezüge Kinder und Haushalt stehen, beziehungsweise sich gut vereinbaren lassen.

Ich bin in einer Frauengruppe ›Lohn für Hausarbeit‹ und arbeite in einem Kreis ›Freundinnen einer weiblichen Ökonomie‹ und habe bis vor kurzem noch in einer Gruppe ›Frauen gegen Militarismus und Krieg‹ gearbeitet. Dann bin ich noch im Elternrat und in der Schulkonferenz.

Ich habe eigentlich gern immer was um die Ohren.

Ich fühle mich auch überhaupt nicht als ›Opfer‹. Ich bin ja nicht allein gelassen worden, sondern **ich** *wollte allein leben, als ich mich vom Vater der Kinder getrennt habe. Das ist schon mal so eine Grundvoraussetzung. Ich wollte das ganz bewußt, und das ist nach vier Jahren immer noch so, daß ich abends oft im Bett liege und denke: ›Ach, wie ist es schön!‹*

Heute denke ich, innerhalb dieser letzten vier Jahre habe ich mir ein gesundes Selbstbewußtsein zugelegt oder erarbeitet. Ich bin stolz darauf, was ich alles mache und auf die Reihe kriege. Deswegen lasse ich mir auch nicht mehr so schnell was sagen. Ich traue mir viel mehr zu.

Manchmal denke ich, ich führe genau so ein Leben wie ein Top-Manager. Wenn der mal mein Leben organisieren müßte, dann sähe er aber alt aus ohne zwei Sekretärinnen!

Ich könnte mir auch jetzt noch sehr gut ein Leben ohne Kinder vorstellen. Und es ist manchmal so, daß ich mich schon auf die Zeit freue, wenn sie so alt sind, daß sie ausziehen. Ich habe auch viele Pläne. Eigentlich hatte ich immer geplant, in dieser Zeit, wenn die Kinder aus dem Haus sind, zu studieren. Aber nun denke ich, warum nicht jetzt schon, warum muß ich mich so lange zurücknehmen? Sie sind inzwischen ja soweit, daß ich das kann.

Ich finde das total spannend, Kinder, Studium, diese Anforderungen zu schaffen. Da kämpfe ich auch drum.

Ich freue mich, wenn ich das hinkriege. Aber ich würde mich überhaupt nicht als ›Opfer‹ betrachten – vielleicht manchmal als Opfer gesellschaftlicher Umstände –, aber persönlich ist das schon ganz schön viel selbstbestimmt, denn es sagt mir ja keiner, daß ich das so machen muß, sondern ich ***will*** *das machen.«*

»Ich kann Hausarbeit nicht ausstehen . . .«

»Ich war immer berufstätig und habe zwei Kinder. Zur Zeit arbeite ich als Betriebsingenieurin auf einem Großklärwerk. Meine Tochter ist 20 Jahre alt und nicht mehr im Haus. Mein Sohn, er ist knapp 18 Jahre alt, lebt noch zu Hause . . .

Nach meiner Heirat habe ich als freie Mitarbeiterin in meinem erlernten Beruf als Bauzeichnerin zu Hause gearbeitet. Dadurch konnte ich mich um die Kinder kümmern und hatte trotzdem eine Arbeit, die mir Spaß und Geld einbrachte.

Durch Schwierigkeiten, die ich mit der Kindererziehung hatte, beschäftigte ich mich mit Kinderpsychologie und darüber hinaus dann auch mit Psychologie im allgemeinen. Durch diese Literatur setzte ich mich zum erstenmal bewußt mit mir selbst auseinander und stellte fest, daß ich mit meiner damaligen Lebenssituation nicht zufrieden war. Damals entschloß ich mich, noch zu studieren. Die Unterstützung meiner Pläne und die Hilfe im Haushalt durch meinen Mann erleichterte mir die Studienzeit und meine anschließende Berufstätigkeit außer Haus. Auch meine Kinder haben immer mithelfen müssen. Ich habe allerdings in den ersten Jahren durch Einsatz und Energie immer eine Möglichkeit gefunden, sie außer Haus zu versorgen.

Ich habe mein Studium mit 31 Jahren begonnen und bin seit dem Abschluß wieder voll berufstätig. Die Kinder waren im Kindergarten (Elterninitiative) untergebracht und haben später eine Ganztagsschule mit

Heidi Dammin, 42 Jahre alt, Bauingenieurin, hat zwei erwachsene Kinder und war immer berufstätig.

Verpflegungsmöglichkeit besucht. Als sich durch einen Umzug ein Schulwechsel ergab, waren die Kinder nach der Schule alleine und mußten sich selbst versorgen. Der Sohn war damals 13, die Tochter 15 Jahre alt. Auch heute bekocht der Sohn sich selbst …

Es gibt viele Gründe für meine Berufstätigkeit:

- *Ich will ein eigenes Einkommen haben und später eine eigene Rente.*
- *Ich habe Spaß an einer anregenden und verantwortungsvollen Tätigkeit.*
- *Ich bin ehrgeizig und halte mich für zu rege und intelligent, um zu Hause zu versauern.*
- *Ich kann Hausarbeit nicht ausstehen.*
- *Ich brauche Kontakt zu anderen Menschen.*
- *Es ist zu spät, wieder in den Beruf zurück zu wollen, wenn die Kinder aus dem Haus sind.*

Früher, als die Kinder noch jünger waren, gab es häufig Probleme, z. B. unbeaufsichtigte Nachmittage, unkontrollierte Hausaufgaben und (dadurch?) schlechte schulische Leistungen. Meine Tochter hatte sehr massive Pubertätsprobleme (fehlende Aussprachen?). Ich hatte keine Lust, am Abend auf die Probleme der Kinder einzugehen.

Bei all den aufgetretenen Problemen ergibt sich natürlich die Frage: Hätten sie anders ausgesehen, sowohl die Probleme als auch deren Folgen, wenn ich zu Hause geblieben wäre? Andererseits haben meine Kinder einen großen Freiraum gehabt, da sie nachmittags nicht beaufsichtigt oder kontrolliert wurden …

Fast immer, wenn es Schwierigkeiten gab, hatte ***ich*** *(nicht mein Mann, der ja auch ganztags aus dem Haus ist) ein schlechtes Gewissen und gab mir die Schuld, weil ich ja nicht zu Hause war. Ich habe mich aber – trotz schlechtem Gewissen – nie als »Rabenmutter« gesehen, weil ich meine Eigenständigkeit als Mensch und Frau voll für mich in Anspruch nehme. Der Vorwurf, eine Rabenmutter zu sein, kam von Männern, und aufgrund meines schlechten Gewissens war ich früher leicht angreifbar.*

Heute ist keiner mehr in der Lage, mir wegen meiner Berufstätigkeit ein schlechtes Gewissen einzureden, da ich heute weiß, daß es richtig war, was ich gemacht habe. Schwer ist es allerdings immer noch, Verständnis für meine Situation als freiwillig (!) berufstätige Mutter bei einigen nicht berufstätigen Frauen zu finden. Ausspruch einer nicht berufstätigen Frau, als sie hörte, daß mein Sohn sich selbst das Essen macht: »Kochen ist aber doch Sache der Mutter!«

Mein Wunsch wäre gewesen, als die Kinder noch jünger waren, eine Ganztagsschule für sie zu finden, damit sie nachmittags versorgt gewesen wären. Leider gibt es hier keine solche Schule …

Ich würde mir heute keine Kinder mehr anschaffen. Und ich habe für alle Frauen, die keine Kinder wollen, ganz gleich, aus welchen Gründen – auch aus vollkommen egoistischen (diese Einordnung kommt meist von Männern) – vollstes Verständnis ...«

»Ich glaube, daß meine Situation eine Ausnahme ist.«

Monika Hesse ist 40 Jahre alt, verheiratet und hat drei Kinder im Alter von 5, 10 und 13 Jahren. Sie ist als Redakteurin voll berufstätig und beschäftigt eine Kinderfrau.*

»Ich habe eine Lehrerinnenausbildung gemacht, arbeite aber seit 14 Jahren als Journalistin und habe in diesem Beruf auch meine drei Kinder bekommen.

Anfangs hatte ich manchmal ein schlechtes Gewissen – sowohl dem Kind als auch dem Arbeitgeber gegenüber. Ich mußte erst lernen, beides unter einen Hut zu bekommen. Bei meinem ersten Sohn hatte ich das zuerst nicht gut geregelt: Wir hatten mit Freunden zusammen ein Kindermädchen, und ich mußte das Kind morgens über eine ziemlich weite Strecke dort hinfahren und nachmittags wieder abholen. Das war unheimlich aufwendig. Es war keine gute Lösung, zumal der Kleine nicht gern jeden Morgen unsere Wohnung verließ.

Als das Kind 7 oder 8 Monate alt war, wurde diese Regelung mehr oder weniger ›automatisch‹ beendet. Mein Sohn wurde schwer krank: Pseudo-Krupp. Er mußte in die Klinik und intubiert werden. Danach habe ich es nicht mehr fertig gebracht, ihn immer fortzubringen. Seitdem ist das Kindermädchen zu uns gekommen. Es war die bessere Lösung, die wir auch beibehielten.

Wir haben später 10 Jahre lang die gleiche Kinderfrau gehabt. Das war Glück. Diese Frau konnte sehr gut mit Kindern umgehen und arbeitete selbständig und gewissenhaft. Ich konnte diesen Bereich richtiggehend delegieren. Aber das ist ein großer finanzieller Aufwand. Ich habe sie voll bezahlt, versichert und versteuert. Zum Schluß waren es an die 2400 Mark im Monat. Das kann sich nur jemand erlauben, der gut verdient.

Inzwischen ist meine Arbeitszeit so geregelt, daß ich meine Zeit variieren kann. Ich arbeite ziemlich selbständig. Ich suche mir die Themen und kann meine Termine bestimmen. Ich kann zum Beispiel auch mal zwischendurch zum Arzt gehen. Im Moment geht der Jüngste noch in den Kindergarten. Ich bringe ihn morgens hin und gehe dann in die Redak-

* Der Name ist geändert.

tion. Am späten Nachmittag bin ich wieder zu Hause, und bis dahin ist die Kinderfrau da.

Es ist trotzdem eine Belastung. Man muß eben doch zwei Sachen auf einmal machen. Das ist aber die Wahl, die ich getroffen habe: Familie **und** *Beruf.*

Ich kann allerdings relativ gut abschalten, und ich kann gut delegieren. Ich habe nicht das Gefühl, daß es den Kindern schlecht geht, wenn ich nicht da bin. Das würden die mir auch sagen. Manchmal – ich fahre ja beruflich ab und zu weg – sagen sie: ›Mußt du schon wieder weg?‹ Das sind allerdings Signale, nach denen ich mich richte. Dann bleibe ich auch mal häufiger zu Hause. Abends bin ich ganz selten bei Terminen.

Man kann es nie beidem total recht machen. Doch wenn ich es den Kindern immer recht machen wollte, dann würde ich als Person nicht mehr bestehen. Die saugen einen auf.

Die Berufstätigkeit ist andererseits auch eine gute Sache für die Kinder. Sie lernen eher, selbständig zu sein, als wenn ich immer zu Hause wäre und sie beglucken würde. Eine Gefahr ist immer da: Wenn man berufstätig ist und die Kinder Probleme haben, dann wird einem das angelastet. Das ist bei uns bisher glücklicherweise noch nicht so gewesen. Ich habe also nicht nur Glück gehabt mit der Kinderfrau, sondern auch damit, daß die Kinder o. k. sind und keine großen Schwierigkeiten machen.

Es ist immer ein Balanceakt: Einerseits muß man seine Arbeit ordentlich tun, und andererseits muß es den Kindern auch ganz gut gehen. Und sobald das aus dem Gleichgewicht gerät, wird es problematisch. Das hat bei mir bisher ganz gut geklappt, obwohl der Jüngste einmal sehr krank war. In dieser Situation wurde in der Redaktion aber sehr viel Rücksicht auf mich genommen. Ich konnte beispielsweise während der Arbeitszeit ins Krankenhaus gehen.

Ich wollte immer Kinder haben. Eines zuerst, dann zwei. Das haben wir auch so geplant, obgleich die Kinder nicht planmäßig auf die Welt kamen. Das dritte Kind war m e i n Wunsch. Mein Mann hatte da erst eine andere Meinung, er fand das verrückt. Zwei Kinder – im nachhinein betrachtet – wären wirklich sehr viel einfacher gewesen. Mit zwei Kindern kann man immer noch viel unternehmen: verreisen, Freunde besuchen oder ähnliches. Aber das war mir zu stromlinienförmig und zu ordentlich, sah aus wie ein Familien-Werbeplakat. Das dritte Kind war eine Herausforderung für mich.

Ich habe meine Berufstätigkeit, abgesehen von Schwangerschaftsurlaub bzw. Mutterschutz, nie unterbrochen. Allerdings fasse ich meinen Arbeitsaufwand und meine Arbeitszeit sehr knapp mit Rücksicht auf die Kinder. Mein Ehemann kann und tut das nicht. Er hat ungünstigere Arbeitszeiten und einen sehr weiten Arbeitsweg. Er springt andererseits voll ein, wenn ich reisen muß und längere Zeit nicht da bin. Er kann alles mit den Kindern, was ich auch kann. Da gibt es keine Probleme. Er hat ein gutes Verhältnis zu den Kindern und unternimmt am Wochenende oft etwas mit ihnen.

Ich muß immer organisieren, überlegen und planen, wie ich es am besten hinkriege. Manchmal ist das problematisch. Ich organisiere das zum Beispiel so, daß ich möglichst wenig auswärts übernachte, daß ich, wenn ich nach Berlin muß, morgens hinfliege und abends wieder zu Hause bin. Es fehlt manchmal, daß ich mit den Kollegen noch zusammenhocken und quatschen kann. Oder daß ich mich ohne Rücksicht auf die Familie in eine Sache, die mich interessiert, voll reinstürzen kann. Bei mir ist das immer scheibchenweise aufgeteilt. Insofern ist meine Arbeitssituation anders als die meiner Kollegen.

Inzwischen habe ich aber viel Routine. Ich bin jetzt seit 14 Jahren in dieser Redaktion. Die Probleme haben sich im Laufe der Zeit reduziert. Ich bin sowohl den Kindern als auch dem Arbeitgeber gegenüber gelassener geworden. Ich weiß, daß es den Kindern gut geht. Ich weiß, daß ich arbeitsmäßig das leiste, was von mir verlangt und erwartet wird.

Manchmal hätte ich gern mehr Zeit, um zu arbeiten, wenn mich ein Thema interessiert. Häufig ist es aber auch so, daß ich den Wechsel zwischen Arbeit und Familie als Erleichterung erlebe. Das schafft zu beidem eine gewisse Distanz, die ganz notwendig ist. Man ist in beiden Bereichen nicht so verletzbar. Der Beruf belastet mich in einer völlig anderen Weise als die Kinder. Da werden andere Gehirnzellen angesprochen. Das hat auch Vorteile. Wenn ich beispielsweise eine Dienstreise mache und meine Kollegen gestreßt sind, finde ich das oft irre erholsam, weil man alles serviert bekommt und Termine vorgesetzt bekommt. Das kann ich genießen.

Grundsätzlich empfinde ich Haushalt und Familie viel anstrengender als Beruf. Im Beruf hat man ein Echo, und es ist ein abgeschlossener Bereich. Haushaltsarbeit ist schrecklich: Wenn man vorne sauber macht, ist es hinten wieder dreckig.

Ich glaube, daß meine Situation eine Ausnahme ist. Wenn ich noch Lehrerin wäre, ginge es mir sicher nicht so gut, weil beides mit Kindern zu tun hätte. Mein Beruf – Journalismus war übrigens immer mein Traumberuf – spricht einen ganz anderen Teil von mir an als die Familie.

Mein Konzept in bezug auf die Kinder ist im großen und ganzen: den Kindern ein Nest geben, in dem sie sich sicher fühlen können. Sie sollen wissen, daß man für sie eintritt. Dazu gehört eine gegenseitige Vertrauensbasis, aber man muß nicht ständig präsent sein.

Die Kinder geben einem ja auch ein Gefühl von Sicherheit, sie geben einem auch ein Nest.«

»Ich kann nicht auf alles verzichten nur für ein Kind«

»Ich war ein Jahr lang verheiratet und habe mein Kind alleine großgezogen. Als mein Sohn klein war, besuchte er einen Kindergarten. Ich habe ihn immer zur Selbständigkeit erzogen, so daß er gut allein zurechtkam, auch wenn ich nicht da war. Ich glaube, ich hätte nie meine Selbständigkeit und meinen Beruf aufgegeben, selbst wenn ich verheiratet gewesen wäre. Nur als Hausfrau – das würde mich nicht ausfüllen. Ich mußte allerdings sowieso arbeiten, weil ich für den Lebensunterhalt für uns beide sorgen mußte.

Eva Stelzner, 36 Jahre alt, Schriftsetzerin und Produktionsredakteurin bei einer Zeitung, hat einen achtzehnjährigen Sohn. Eva war immer berufstätig, obwohl sie ihren Sohn allein aufgezogen hat.

Mein Beruf machte und macht mir viel Spaß. Natürlich tue ich für mein Kind das Möglichste. Aber ich bin doch auch noch da! Ich kann nicht auf alles verzichten nur für ein Kind. Und dann ist es hinterher groß, und ich steh' da: weg vom Fenster... Das ist nichts für mich.

Als Thomas zur Schule kam, habe ich die Arbeitsstelle gewechselt, um näher an unserer Wohnung zu sein, so daß ich im Notfall erreichbar war. Er ging morgens in den Schulkindergarten und kam mittags nach Hause, und ich kam nachmittags um vier. Als er zehn war, ergab sich aus verschiedenen Umständen, daß er ein Internat besuchte. Der eine Grund dafür war, daß ich im Schichtdienst arbeiten mußte und nun doch viele Abende nicht zu Hause war. Der zweite Grund war, daß mein Sohn eine Lese- und

Rechtschreibschwäche hat und der normale Schulbetrieb absolut ungeeignet war, auf ihn einzugehen.

Da waren Klassen von 30, 35 Kindern, in denen die Kinder abserviert wurden. Das waren die reinsten Massenveranstaltungen. Damals gab es ja noch keine Gesamtschulen und so was.

Im Internat war das zwar auch nicht viel anders, aber jedenfalls war er dadurch beaufsichtigt. Ich habe ihn lange Jahre am Freitagabend abgeholt und am Montagmorgen wieder hingefahren.

Mein Sohn hat durch die Legasthenie jahrelang in der Schule nur Negativerlebnisse gehabt: Im Mündlichen war er Spitze, aber es wirkt sich ja in allen Fächern aus, wenn man nicht schnell schreiben kann. Und es wird heute ja immer noch so zensiert, daß nur das gilt, was man auf dem Papier hat. Da ist er eben immer hinterhergehinkt, und das mußte man mit anderen Sachen wieder aufbiegen.

Ich habe Thomas in mein Leben miteinbezogen. Er kam überall mit hin, zum Baden, Campen und Reisen. Allerdings habe ich ihn abends auch allein gelassen. Ich habe ihm immer gesagt, mit wem ich was mache und wo ich zu erreichen bin. Das war für mich selbstverständlich, daß ich weggehen konnte und das nicht davon abhängig mache, ob er mich läßt. Aber es war genauso selbstverständlich, und das ist heute noch so bei uns, daß wir uns gegenseitig Bescheid sagen: Ich komme heute nicht, oder heute schläft jemand bei uns.

Ich habe überwiegend mit Thomas allein gelebt. Außer im Kindergarten war er manchmal bei seinem Vater. Später, als mein ehemaliger Mann eine neue Familie gegründet hatte, war Thomas auch dort. Die haben ihn dann auch mal mit in Urlaub genommen, und wir haben teilweise auch alle zusammen den Urlaub verbracht. Wir haben ein freundschaftliches Verhältnis zueinander. Die Kinder, zwei Mädchen und mein Sohn, fühlen sich als Geschwister.

Größere Probleme gab es nicht. Aber das kommt auch gar nicht so an mich ran. Es gab bestimmte Leute, die hinter meinem Rücken geredet haben, aber so direkt hat mich nie jemand angegriffen.

Ich habe ganz schön viel Selbstbewußtsein. Ich mach' mich nicht im vornherein mit Sachen verrückt, die vielleicht eintreten könnten. Wenn irgendwas kommt, dann reagiere ich auch drauf. Das ergibt sich dann von allein.

Daß ich auch Fehler gemachte habe – das ist logisch. Die macht jeder. Ich würde heute bestimmt einige Sachen ein bißchen anders machen – von meinem Alter und meiner Erfahrung her. Ich war 18, als ich das Kind bekommen habe. Das ist klar, daß ich da noch nicht alles so gesehen habe, wie ich es heute sehe. Aber im Prinzip würde ich gar nichts anders machen. Der Grundstock war schon richtig.

Mein Sohn ist jetzt 18. Wir wohnen noch zusammen. Wir haben schon jahrelang Arbeitsteilung: Er macht sein Zimmer, ich mache meines. Ich mache die Wäsche und das Badezimmer, und er macht die Küche. Und wer kocht, das ergibt sich.

Das ist doch eine Selbstverständlichkeit. Natürlich variieren wir das, zum Beispiel, wenn mal einer abends spät nach Hause kommt oder einen schweren Tag hatte. Als Thomas angefangen hat zu arbeiten (er ist Koch), habe ich ihn auch erst mal ausschlafen lassen und habe mittags Frühstück gemacht.

Die typische Mutterliebe gibt's für mich nicht. Ich habe keine Probleme damit gehabt, wenn Thomas mal woanders war, auch übers Wochenende. Ich habe das neulich gerade erlebt bei einer Freundin, die ein Baby hat: Die wurde halbverrückt, nur weil ihre Mutter schon eine Stunde mit dem Kind spazieren war. So was kann ich mir überhaupt nicht vorstellen. Auf so eine Idee würde ich nie kommen, das ist doch idiotisch ...

Wir sind beide selbständig, völlig selbständig – wir gehen beide unseren Weg und wohnen eben zusammen. Thomas war auch nie klammerig. Unsere Beziehung war von Anfang an eher kumpelhaft.

Der geht ja heute sogar mit mir tanzen! Auf dem Campingplatz vor ein paar Jahren war das manchmal so. Da habe ich ihn und seine Freunde oft in die Disco gefahren, und er wurde schon mal gefragt: Was hast du dir denn für eine Alte aufgerissen?

Wir treffen uns auch manchmal zufällig in irgendeiner Kneipe, trinken noch ein Bier zusammen und fahren dann nach Hause. Wir sind auch schon zusammen ›versackt‹, zum Beispiel an seinem letzten Geburtstag: erst reingefeiert bis morgens um acht, dann das kalte Büfett hergerichtet für die große Fete und nachmittags kurz geschlafen und dann wieder durchgefeiert bis morgens um acht.

Bei uns hockt immer die Bude voll. Einer seiner Freunde hatte zum Beispiel heute seinen freien Tag – er lernt auch Koch – und hat bei uns gekocht. Thomas hat die Nachspeise gemacht, ich den Salat und der Freund das Geschnetzelte. Gestern abend kam ich nach Hause von einer Reise – da saßen sie da, grinsten: Hast du noch was vor? Wollen wir denn noch mal los? – Zack, aufgesprungen, wumm – waren wir los ... Ich gebe denen aber auch das Auto, wenn ich mal keine Lust habe ...

Rückblickend gesehen ist das wahnsinnig schnell gegangen, daß Thomas erwachsen wurde. Wahrscheinlich kommt es mir auch so vor, weil ich immer gearbeitet habe. Manchmal bedauere ich, daß auch vieles an mir vorbeigegangen ist, daß ich vieles gar nicht richtig mitgekriegt habe. Er war eben – das ist Kindergartenerziehung – topfrüh sauber, ist topfrüh gelaufen, das ging alles hervorragend.

Der hat auch nie große Katastrophen angestellt, hat mich nie besonders strapaziert.

Ich habe mir zwar auch Sachen auferlegt, die ich immer eingehalten habe: zum Beispiel, ob ich morgens um fünf oder um sieben nach Hause komme – wir frühstücken zusammen. Aber ich habe mich dann oft auch wieder hingelegt, und da hat er mich nie gestört.

Wenn ich heute nach Hause komme – ich würde nie einfach in sein Zimmer gehen. Ich klopfe an. Vielleicht liegt er ja gerade mit einem Mädchen im Bett. Ich würde auch nie in seinen Sachen rumschnüffeln. Oder Post, die er kriegt, geht mich nichts an.

Und das ist bei ihm genauso. Es gibt einfach Spielregeln, an die wir uns beide halten.«

»Warum ich so lebe? Weil's besser nicht geht!«

Beate L., 34 Jahre alt, ist Druckerin. Sie hat eine elfjährige Tochter, die überwiegend beim Vater lebt.*

»Lena ist jetzt 11 Jahre alt. Als sie zweieinhalb Jahre alt war, haben ihr Vater und ich uns getrennt. Sie lebte dann eine Zeitlang überwiegend bei mir und war 2 bis 3 Tage in der Woche bei ihrem Vater. Dann zog sie zu ihm.

In den letzten sechs Jahren lebte sie also überwiegend bei ihm und war einige Tage in der Woche bei mir. Außerdem haben wir uns immer mal so verabredet – zu den Großeltern, ins Kino, Freunde besuchen, Urlaub... Im Moment kommt Lena wieder öfters zu mir, auch mal nach der Schule, bringt Freundinnen mit, kocht sich was... Sie hat ein Zimmer bei ihrem Vater und eines bei mir, und wir wohnen auch in der Nähe.

Ich unterscheide mich vom üblichen Mutter- bzw. Frauenbild sicher in vielem. So spontan fällt mir ein:

- *Wie ich rumlaufe (ich mag keine neuen Sachen und habe mir zum Beispiel in diesem ganzen Jahr noch nichts zum Anziehen gekauft).*
- *Ich fahre gern Motorrad – und zwar ein großes, schweres.*
- *Ich mache mich oft schmutzig (beim Motorradreparieren oder Maschinenabschmieren).*
- *Ich arbeite an großen Maschinen, selbständig. Kann sie allein bedienen, muß schwer heben usw....*
- *Ich lebe meinen Alltag ohne Kind. Daß Lena bei ihrem Vater wohnt, war damals* **meine** *Entscheidung!*
- *Ich bin politisch aktiv (antifaschistische Arbeit, Frauen im Stadtteil, Türkei).*

* Der Name ist geändert.

Was mich auf den ersten Blick vielleicht nicht vom üblichen Frauenbild unterscheidet:

- *Ich bin meist mit Männern zusammen (Arbeit, Freizeit, Politik). Allerdings habe ich nicht in erster Linie Interesse an ihnen, weil sie ›Männer‹ sind, sondern es macht einfach Spaß, mit denen mal ein Bier zu trinken, Doppelkopf zu spielen oder zum HSV zu gehen.*
- *Ich bin 100prozentig für ›monogame Beziehungen‹. Aus klarer Überzeugung und eigenen Erfahrungen – in dieser Reihenfolge! Ob das typisch ist?*
- *Wenn Lena bei mir ist, bin ich voll und ganz ›Mutter‹ – vom Schulbrotschmieren bis zum Vorlesen beim Schlafengehen. Ich genieße das!...*

Mal dazwischen: Ich stehe dieser ganzen ›Neuen Mütterlichkeit‹ und dieser Welle an schwangeren Frauen und Frauen mit kleinen Kindern total ablehnend gegenüber. Ich finde es wahnsinnigen Quatsch, wenn ich mitbekomme, daß Frauen sich monatelang um die Entbindung Gedanken machen und dabei tierische Energie entwickeln für etwas, was sie vielleicht ein oder zweimal in ihrem Leben für ein paar Stunden erleben... Frauen, auch Männer, deren einziger Lebensinhalt das Kind/die Kinder werden, nur alternativ verpackt. Da wird eben Naturwolle verstrickt, bio-dynamisch gekocht, im Baby-Laden geklönt, das Kind vor den Bauch geschnallt, kein Lenor benutzt. Frau geht mit dem Kind auf den Abenteuerspielplatz, und abends werden im Freundeskreis die Anekdoten ausgetauscht. Und – schwupp – ist der Tag rum. Sollte sich jemals vorher was anderes abgespielt haben (politische Arbeit **nicht** *zum Thema Kinder), dann fällt das, auch aus objektiven Zeitgründen, eben weg. Ich kenne leider kein Gegenbeispiel, und auch bei mir wär's so gegangen, wenn meine Tochter nicht zu ihrem Vater gezogen wäre. Ich wollte nämlich raus, und es ging nicht. Also hab' ich sie weggeschickt.*

Rabenmutter?!?

Außerdem habe ich mittlerweile vier Abtreibungen hinter mir. Ich habe mich für Politik und gegen (mehr) Kinder entschieden.

Warum ich so lebe? Weil's besser nicht geht!

Ich habe mir in diesem Scheiß-Staat kleine Möglichkeiten geschaffen, nicht fertiggemacht zu werden. Und aus dieser Position heraus werde ich Staat/System/Gesellschaft weiter angreifen. Wie auch immer...

Ich habe manchmal ein schlechtes Gewissen gegenüber meiner Tochter, weil ich meine, daß ihr Vater viele Fehler macht. Nur weiß ich nicht, ob ich's besser kann. Ich habe keinerlei Talent zur Mutter. Jetzt, wo Lena älter wird, kommen wir immer besser miteinander aus. Und wenn sie mehr bei mir sein möchte, kann sie das gerne, aber nicht bedingungslos von meiner Seite (Rückzugsmöglichkeiten, nicht abends dableiben müssen etc.). Meine Idealsituation wäre: eine Beziehung, die hält. Und in dieser Beziehung

Kinder, die alle so sein sollten wie meine Tochter. Das Ganze umzingelt von vielen Freundinnen und Freunden, mit und ohne Kinder. Gesellschaftlich könnte ich jetzt längere Abhandlungen folgen lassen, anarchistisch-räte-kommunistische Utopien, in denen ich und entsprechende Kinder nur ein kleiner Teil sind.«

V. Also stimmt es doch, daß Frauen unzurechnungsfähig sind?

Kommt ein Vogel geflogen,
setzt sich nieder auf mein' Fuß.
Hat ein' Zettel im Schnabel:
von der Mutter einen Gruß.
Lieber Vogel fliege weiter.
Nimm ein' Gruß mit: Mir geht's gut.
Denn ich will dich nicht begleiten.
Ich hab' Power und auch Mut!

*»Also stimmt es doch, daß Frauen unzurechnungsfähig sind?«**

Ines: Für mich und meinen Partner war es eine tolle Vorstellung, Kinder zu haben. Das hat auch was Egoistisches. Ohne Kinder fand ich es eigentlich langweilig, Kinder sind was Neues, was einen fordert. Es war für mich auch wichtig, daß das eigene Kinder sind, daß das Wesen sind von mir und von ihm, etwas, das von uns weiterlebt, wenn wir mal tot sind.

Elisabeth: Bei mir stand die Frage der Schwangerschaft im absoluten Vordergrund. Ich habe während der Schwangerschaft über-

* Diese Diskussion zum Thema ›Kinderwunsch und Kinderhaben‹ wurde auf der Hamburger Frauenwoche 1985 aufgezeichnet (siehe auch S. 121).

haupt nicht darüber nachgedacht, was danach kommt. Mich hat die Vorstellung fasziniert, etwas zu erleben, was ich noch nie erlebt habe.

Mara: Bei mir ist das anders. Mich reizt eine Schwangerschaft überhaupt nicht. Es fällt mir unheimlich schwer, das überhaupt zu sagen, weil ich die Erfahrung habe, daß ich dann komisch angesehen werde. Ich habe mit meinem Mann zusammen eine Adoption beantragt, weil ich schon gern ein Kind hätte. Säuglinge und kleine Kinder reizen mich überhaupt nicht. Ich hätte gern ein Kind so ab drei Jahren. Das Adoptionsverfahren ist sehr kompliziert. Eigentlich bin ich nicht immer sicher, ob ich ein Kind will, aber du kannst gar nicht offen mit denen reden. Zum Beispiel, daß ich keinen Bock auf Schwangerschaft habe, kann ich denen nicht sagen. Die fragen ja die dollsten Dinge; z. B., wenn wir mit dem Kind im Restaurant Spaghetti essen und es schmeißt mit Tomatensoße, was ich dann mache. Außerdem darf die Mutter nicht berufstätig sein, und man wird überwacht von den Sozialarbeitern.

Elisabeth: In dieser Adoptionsgeschichte kommt ganz stark zum Ausdruck, was hier von Eltern überhaupt erwartet wird. Das sind genau die Ansprüche, die an sich bestehen, die Idealvorstellungen.

Christine: Einerseits werden wahnsinnige Forderungen gestellt. Du mußt ja eigentlich die Super-Sonder-Mutter sein. Andererseits hält man die Leute, vor allem die Frauen, für bescheuert und unterstellt ihnen, daß sie eine Macke haben. Das ist genau die gesellschaftliche Situation der Mütter.

Ines: Irgendwie ist es ja auch ein Phänomen, daß Schwangerschaft ansteckend ist. Wenn die eine Freundin ein Kind kriegt, wird die nächste schwanger.

Elisabeth: Du kannst heute abend mit einer Frau zusammen sitzen, Pläne schmieden, die will ein Studium aufnehmen und, und, und. Eine Woche später erfährt sie, daß sie schwanger ist, und alles wird über den Haufen geworfen. Das würde ich bei mir auch nicht ausschließen. Was spielt sich denn da eigentlich ab?

Christine: Also stimmt es doch, daß Frauen unzurechnungsfähig sind?

Kerstin: Zukunftsangst und Angst vor eigenständigem Leben spielen da bestimmt eine Rolle.

Elisabeth: Steckt das wirklich immer dahinter?

Kerstin: Oft. Ich konnte das früher überhaupt nicht verstehen, wie irgendeine Frau ein Kind kriegen kann. Ich fand das vollkommen absurd.

Ines: Das kann man nicht nur mit dem Kopf entscheiden. Da läuft noch was anderes ab.

Christine: Ich denke, so sieht es aus. Aber das stimmt nicht. Ich glaube, daß wir da wohl mit dem Kopf rangehen, daß wir aber nicht sagen, was wir denken. Es gibt da viel, was heimlich abläuft. Du kannst deinem Freund oder deinem Arbeitgeber zum Beispiel kaum sagen, ich habe tierischen Bock auf Schwangersein, als sexuelles Moment. Dann kriegst du gesagt: Eigentlich kriegt man Kinder aber aus ganz anderen Gründen. Schwangerschaft hat hier was Heiliges, nichts Egoistisches zu sein. Und das ist sicher bei jeder Frau verschieden.

Gesine: Ich habe mir auch überhaupt keine Gedanken gemacht, wie das nach der Schwangerschaft aussieht. Ich konnte mir auch nie vorstellen, ein Kind zu bekommen. Ich wollte kein Kind, das fand ich hirnrissig. Das fand ich so unnötig. Ich habe auch abgetrieben. Und dann bin ich mal schwanger geworden und fand das unheimlich toll. Das habe ich genossen. Schwanger wäre ich gern noch mal, aber da dürfte nichts dabei rauskommen.

Gisela: Mir geht das umgekehrt. Ich habe überhaupt keine Lust, schwanger zu sein und mit einem geblähten Bauch durch die Gegend zu laufen. Ich hätte aber schon Lust, zuzusehen, wie sich so ein Menschenkind entwickelt. Was mich abschreckt, ist die ganze Arbeit.

Karin: Ich hatte nicht bewußt den Wunsch, ein Kind zu kriegen. Das hat sich einfach so ergeben. Ich war verheiratet, es gab keine finanziellen Schwierigkeiten, und wir haben uns dann einfach gefreut, als ich schwanger war. Das gehörte dazu. Ich mußte das auch nie verteidigen.

Elisabeth: Ich glaube, gefragt werden auch vor allem Frauen, die sich nicht in der herkömmlichen Familienkonstellation befinden. Als ich schwanger war, habe ich nur betroffene Gesichter erlebt.

Sabine: Das wird mir von vielen Frauen gerade immer wieder gesagt: Krieg bloß kein Kind, leb erst mal deine Jugend!

Ines: Weil sie es nie geschafft haben, mit Kindern all diese Sachen zu machen: Reisen, Beruf und so was. Dabei kann man das auch sehr gut mit Kindern machen.

Elisabeth: Nein. Es geht eben nicht mit Kindern so ohne weiteres! Es ist eben nicht alles einlösbar. Mit Kindern gut leben und dennoch nicht zu verzichten. Es ist ein harter Kampf, diese Utopien zu verwirklichen, schrittweise.

Christine: Hinter so einem Leben mit Kindern, Beruf und noch anderen Sachen versteckt sich zumindest eine Frau mit großen organisatorischen Fähigkeiten. Und Organisieren allein kann ja schon sehr belastend sein.

Ines: Am wichtigsten ist ein Partner, der wirklich auch zeitmäßig die Hälfte macht. Ich finde es wichtig, bevor man ein Kind kriegt, daß man vorher mit dem Partner darüber redet. So und so stelle ich mir das vor. Ich bin drei Tage zu Hause, du bist drei Tage zu Hause, 2 Wochenenden im Monat hast du Kinderdienst, 2 Wochenenden ich. Das muß man einfach regeln.

Christine: Da stellt sich für mich die Frage: Wann seid ihr eigentlich noch zusammen? Könnte frau da nicht auch eine Beziehung mit dem Babysitter eingehen? Und die andere Frage: Wo findet frau eigentlich solche Männer? Das ist ja nicht nur die Sache, daß die nicht willig sind. Wo gibt es denn Berufe – das ist ja nicht nur ein Problem der Frauen –, wo man einfach sagen kann: Solange das Kind da ist, möchte ich nur halbtags arbeiten?

Gisela: Wenn die nicht so karrieresüchtig sind.

Christine: Ich denke, das ist auch ein Problem der Männer, das sie zu lösen haben. Nur, es ist ja keineswegs ›normal‹, daß ein Mann zu Hause bleibt.

Kerstin: Vielleicht will ich ja gar keinen Partner? Ich würde überhaupt nicht mit dem Vater zusammen wohnen wollen, das kommt für mich nicht in Frage.

Elisabeth: Ich kenne kaum Paare, Leute, die ein Kind gemacht haben und heute noch zusammen sind. Da muß man sich doch schon angesichts dieser Statistik die Fragen stellen: Sind wir Frauen nicht verraten und verkauft, wenn wir uns auf den Partner verlassen?

Gisela: Wenn ich ein Kind haben wollte, würde ich das einbeziehen, eine eventuelle Trennung. Ich würde das so planen, daß ich das auch entscheide, obwohl ich verheiratet bin.

Christine: Es gibt heute viele Frauen, die Kinderkriegen als ihre individuelle Entscheidung auffassen. Das habe ich auch so gemacht. Ich finde das aber auch riskant, weil du schon selber damit spekulierst, daß die Mutter mit dem Kind allein dasteht. Die eigene Bestrafung ist selber vorausgeplant. Das ist wohl realistisch, aber ein Moment der Unfreiheit. Das ist für mich keine Utopie, daß die Frauen dann alleine dastehen mit ihren Kindern und irgendwelchen Besuchsvätern.

Kerstin: Ich könnte mir schon vorstellen, mit einem Mann oder einer Frau zusammen ein Kind aufzuziehen, ohne eine Liebesbeziehung mit denen zu haben. Und das geht toll bei einer Freundin von mir.

Christine: Ich kenne diese Gelassenheit nur im Umgang mit Erziehern und Erzieherinnen im Kindergarten. Da geht das ja plötzlich, ohne diese Abhängigkeit auf der Ebene einer Liebesbeziehung.

Gisela: Ich verstehe nicht, daß Frauen nicht viel öfter das Kind freigeben, adoptieren lassen, wenn sie z. B. nur Lust auf Schwangerschaft hatten.

Dora: Brauchst ja nur mal in die Medien gucken, was da für ein Zirkus gemacht wird, wenn mal wieder ein Kind ausgesetzt oder im Krankenhaus gelassen wird.

Gisela: Man kann das ja offiziell machen, das Kind zur Adoption freigeben.

Dora: Daß eine Frau Verantwortung für ein Kind übernimmt, ob sie nun in einer Beziehung lebt oder nicht, ist doch viel normaler und angesehener, als wenn sie sagt: Du, ich kriege jetzt ein Kind, und hier hast du das Kind, ich will damit nichts zu tun haben.

Christine: Bei uns kannst du das nur ganz privat und heimlich machen, teilweise gegen Gesetze, illegal. Oder eben Adoption. Und das heißt, daß du das Kind nie wieder siehst und nie wieder davon hörst.

Karin: Wenn die Möglichkeit da wäre, mit diesen Ersatzeltern Kontakt zu haben, dann wäre das viel einfacher. Dann würden das viel mehr Frauen machen.

Christine: Ich höre schon Stimmen im Hinterkopf: Das ist die totale Anarchie! Wenn jede Frau so denken würde!

Dora: Den Frauen wird im Prinzip überhaupt keine Entscheidungsmöglichkeit gelassen. Offenbar muß das sehr bedrohlich sein, wenn diese Familienideologie so stark aufrechterhalten wird.

Elisabeth: Da sind ja schon die kleinen Schritte schwierig. Frau muß sich rechtfertigen, wenn sie einen Antrag auf einen Kindergartenplatz stellt. In Hamburg ist das so, wenn der Mann

›genug‹ Geld verdient, kriegt sie keinen Platz, weil nur Berufstätigkeit aus Not oder spezielle soziale Begründungen zählen. Es wird schlicht und einfach ignoriert, daß es für Kinder gut ist, unter Kindern aufzuwachsen.

Christine: Dahinter steckt noch so die Vorstellung von einer Notlösung. Kindertagesheim, Kindergarten gelten als Notlösung.

Lisa: Ich habe meinen Sohn mit einem halben Jahr in die Kinderkrippe gegeben. Ich bin damals sehr angegriffen worden von Freunden, die auf dem Alternativ-Trip waren, weil ich ihn nicht wenigstens in eine alternative Baby-Gruppe gegeben habe. Und ich hatte eben keine Lust auf abends putzen und einmal kochen in der Woche für die ganze Gruppe. Und ich bin so froh, daß er in der Krippe ist! Dadurch habe ich auch mal Luft für mich, weil ich ja nur zweieinhalb Tage arbeite.

Elisabeth: Ich wäre sogar dafür, daß die Kinder dort schlafen könnten, wenn sie Lust dazu haben.

Karin: Für die Bedürfnisse der Frauen gibt es überhaupt keine Lobby! Theoretisch bestünde doch die Möglichkeit, daß Frauen sich organisieren, und dann wäre so was durchzusetzen. Von unserer Anzahl her müßte das ja durchsetzbar sein.

Gisela: Es gibt ja mehr wahlfähige Frauen als Männer. Das müßte doch möglich sein, gegen diese herrschende Politik »Frau zurück an den Herd« anzukämpfen.

Karin: Offenbar sind wir selbst unser größter Feind. Die Spaltung ist auf vielen Ebenen: Warum hast du keine Kinder? Warum hast du eins? Die Alten haben uns nichts zu sagen! Warum sollt ihr es besser haben als wir?

Christine: Ich könnte mir auch noch Forderungen vorstellen, die die Arbeitswelt und die Arbeitsplätze betreffen. Das ganze Arbeitsleben hier ist so eingerichtet, daß es von den Hausfrauen und Müttern zu Hause abhängt. Das ist erwachsenen- und kinderfeindlich und dient nicht dazu, daß die Leute zusammen leben können.

Karin: Das müßte doch eigentlich auch im Interesse der Männer sein. Also, ich möchte kein Mann sein! Ein Leben lang 8 Stunden täglich für eine Familie arbeiten!

Christine: Ach, die Männer machen das so ähnlich wie wir. Frauen erzählen, sie bleiben zu Hause ›fürs Kind‹, und alle tun es ja keineswegs nur fürs Kind. Und die Männer erzählen, sie arbeiten nur für die Familie. Und auch das stimmt ja nicht. Die arbeiten **auch** aus Gewohnheit, und weil sie das toller finden und weil sie Ängste haben – nicht nur Pflichtbewußtsein.

Karin: Meiner erzählt mir seit Jahren, er freut sich auf die Rente, und wenn ich mehr verdienen würde, würde er zu Hause bleiben. Da habe ich Zweifel, ob er es schaffen würde, seinen Alltag auszufüllen, was mit sich anzufangen.

Elisabeth: Das ist auch so ein Punkt. Wer verdient mehr? Das ist oft schon der Scheidepunkt, wenn gefragt wird, wer bleibt zu Hause? Dann bleibt die Frau zu Hause, automatisch.

Meike: Rollentausch ist sehr selten. In meinem Freundeskreis hat ein Mann die Kinder aufgezogen und die Frau gearbeitet, und das ging gut. Aber es ist eben die Ausnahme. Mutterschaftsurlaub für Männer wurde abgelehnt vom Bundesverfassungsgericht.

Christine: An vielen Punkten ist es sogar schwerer geworden für die Frauen. Wenn ich mit Kindern was zu tun habe, selbst als Mutter, die sich nicht überverantwortlich fühlt, denke ich oft: Du kannst zum Beispiel in der Stadt kaum leben mit Kindern. Autoverkehr, Glasscherben, Hundekacke. Viel Arbeit und Schwierigkeiten hängen damit zusammen. In solch einer Umwelt kannst du die Kinder kaum laufen lassen, sie werden noch mehr gefesselt an Erwachsene durch diese Umgebung.

Elisabeth Wir sind mit drei Jahren schon alleine rausgeschickt worden, auch in der Stadt, zum Spielen.

Lisa: Und heute ist man dazu verdonnert, die freie Zeit, den Sommer, auf dem Spielplatz zu verbringen! Das finde ich so grausam! Es gibt nichts Faderes als Spielplätze!

Christine: Wenn schon Spielplatz, dann wünsche ich mir welche, die viel größer sind, ganz anders, mit Wasser und Müll und spannenden Sachen und einem Café für die Mama und einem großen Zaun oder gar keiner Straße in der Nähe.

Susanne: Und ich würde gern in einem Mietshaus wohnen, in der Stadt, mit viel Grün drumrum und die S-Bahn trotzdem in der Nähe. Wo auch viele Kinder wohnen und zwischen den Leuten was läuft, auch zwischen denen, die keine Kinder haben, und denen mit Kindern.

Anmerkung zu den Gesprächen

Die Gespräche auf den Seiten 114, 124 und 135 sind auf der Hamburger Frauenwoche 1985 während eines Seminars mit dem Thema »Das bürgerliche Mutterideal und seine Geschichte« entstanden. Es handelt sich um mitgeschnittene und teilweise zusammengefaßte Diskussionen über »Verlust der eigenen Identität durch Mutterschaft« (anhand des Gedichtes von Ulrike Fruth, S. 135), »Zwangsbeziehung Kind« (anhand des Briefes von Christiane Dietrich, S. 124) und zum Thema »Kinderwunsch und Kinderhaben« (S. 114).

Wir waren eine Gruppe von ca. 25 Frauen, die sich fünf Tage lang täglich für drei Stunden trafen und zusammen arbeiteten. Nicht alle Frauen kommen hier zu Wort, teils, weil sie wirklich nichts gesagt haben, teils, weil ich um der Lesbarkeit willen auch Wortbeiträge von verschiedenen Frauen einer Person zugeordnet habe. Die Namen sind geändert. Die Atmosphäre während dieses Seminars habe ich als offen, angenehm und anstrengend zugleich empfunden. Frauen aus sehr verschiedenen beruflichen Lebenssituationen, sehr verschiedenen Alters, Mütter und Nichtmütter, haben selten die Chance, eine Thematik, die das Leben doch recht einschneidend verändern kann, miteinander auf einer nichtprivaten Ebene zu reflektieren. Dafür möchte ich an dieser Stelle den bisherigen Organisatorinnen der Hamburger Frauenwoche danken — und den teilnehmenden Frauen des Seminars, dem die Gesprächsaufzeichnungen entnommen sind, ebenfalls.

Um die Diskussionsbeiträge nachvollziehbar und lebendiger zu machen, stelle ich die beteiligten Frauen kurz vor. Dabei verrate ich neben dem Alter und dem Beruf auch, ob sie Kinder haben und wie viele. Nicht, weil ich sie nun doch über ihre Kinder zur Person machen will, sondern weil ich es sehr spannend fand, wie ähnlich sich die Mütter und die Nichtmütter in ihren Diskussionsbeiträgen waren, auch bei so heiklen Themen wie fehlender »Mutterliebe«. Das will ich detektivisch veranlagten Leser/inne/n nicht vorenthalten.

Die Frauen aus den Gesprächen sind:
Ines, 30, Hausfrau, Kinder 2 und 4 Jahre alt;
Beate, 26, Arbeiterin, z. Z. zu Hause, Kind 8 Monate alt;
Lisa, 37, Angestellte halbtags, Kind 2 Jahre alt;
Meike, 32, Betriebsrätin, kein Kind;
Elisabeth, 36, Sozialpädagogin, Kind 5 Jahre alt;
Susanne, 27, Arzthelferin, z. Z. arbeitslos, Kind 2 Jahre alt;
Sara, 29, Erzieherin, z. Z. Hausfrau, Kind 2 Jahre alt;
Christine, 35, Studentin, Kinder 2, 7 und 9 Jahre alt;
Gisela, 28, Beamtin, kein Kind;
Sabine, 20, Gärtnerin, schwanger;
Karin, 39, halbtags berufstätig, Kind 14 Jahre alt;
Kerstin, 22, Studentin, kein Kind;
Britta, 27, Erzieherin, schwanger;
Gesine, 35, Angestellte, Kind 9 Jahre alt;
Sonja, 32, berufstätig, kein Kind;
Dora, 35, Erzieherin, Kind 6 Jahre alt;
Nora, 32, Sozialpädagogin, schwanger;
Vera, 30, Krankenschwester, Kind 6 Jahre alt;
Mara, 29, Beamtin, kein Kind, Adoption geplant.

»Weil ich keine Rolle sein wollte, sondern eine Person mit eigenem Namen . . .«

Christiane Dietrich, 35 Jahre alt, hat einen elfjährigen Sohn, der nicht bei ihr lebt. Außerdem hat sie zwei Berufe. Sie ist Lehrerin und Therapeutin für Atem und Stimme.

»Ich habe Gregor als alleinstehende, berufstätige Frau viereinhalb Jahre aufgezogen, ich war damals Lehrerin mit einer Zweidrittel-Stellung. Seit 9 Jahren habe ich nur noch Frauenbeziehungen . . .

Als Gregor viereinhalb Jahre alt war, habe ich ihn zu seinem Vater gegeben, um Raum für mich zu gewinnen. Ohne Kind konnte ich für mich eine Alternative zum Lehrerinnenberuf entwickeln und kündigte dann vor etwa 5 Jahren.

Gregor lebt inzwischen bei den Großeltern väterlicherseits, da sich sein Vater als völlig ungeeignet erwies und ich in meiner jetzigen Berufs-, Wohn- und Lebenssituation nicht die Möglichkeit sehe, Gregor zu integrieren. Ich will es auch nicht.

Mein Sohn und ich mögen uns gut leiden. Zusammensein ist allerdings mehr ein Zusammenstreiten. Abgesehen von der ersten Frauenbeziehung, die er ja noch hautnah mitbekam und auch akzeptiert hatte, lehnt er meine Freundinnen jetzt sehr ab, obwohl er sie kaum kennt.

In den großen Ferien treffe ich meinen Sohn bei meinen Eltern. Ich kann mir vorstellen, daß unser Kontakt in den nächsten Jahren verstärkt wird . . .

Als Gregor zweieinhalb Jahre alt war, zogen wir beide in eine kleine Wohnung. Das ganze Haus, in der auch diese Wohnung liegt, gehört einer Frau, die ich in meiner ersten Frauengruppe kennenlernte. Mit noch zwei weiteren Frauen wurde die Idee geboren, in alle frei werdenden Wohnungen des Hauses entweder lesbische Mütter (mit ihren Kindern) oder lesbische Frauen, die sich bei der Kinderarbeit beteiligen wollen, einziehen zu lassen.

In der Glanzzeit dieses Projektes gab es eine Kinderwohnung im Haus. Da wurden alle Kinder am Wochenende von zwei Frauen betreut, und die anderen Mütter hatten endlich einmal wirklich Wochenende.

In den 5 Wohnungen lebten 5 Mütter, 9 Kinder und eine Nicht-Mutter. Leider kam es zu Streitigkeiten. Es ging um Geld, Liebe, Kompetenzen usw. Es kam sogar noch zu einem Nachspiel vor Gericht. Aus dieser Situation heraus — Projekt geplatzt, Streit rundherum, isoliert mit Kind in einer kleinen Wohnung (Was tun, wenn das Kind krank ist? Z. B. habe ich ihn einmal mit Windpocken ins Flugzeug gesetzt und zu den Großeltern geschickt . . .) — also, aus dieser Situation heraus fragte ich den Vater, ob er nicht auch mal für seinen Sohn sorgen könnte. Denn schließlich war er hochbegeistert gewesen, als ich schwanger war…

Jetzt tragen die Großeltern die Verantwortung…

Von seiten der Familie gab es Ärger und Druck. Die Großeltern auf beiden Seiten finden, daß ein Kind doch zu seiner Mutter gehört. Als es einmal wieder soweit war, daß sie forderten, ich solle Gregor zurücknehmen, fühlte ich mich so in die Ecke gedrängt, daß ich drohte, ihn in ein Heim zu geben…

Ab und zu kommt so etwas wie ein schlechtes Gewissen, aber nur weitab von meinem Sohn. Wenn wir zusammentreffen, zeigt sich jedesmal, daß ein Zusammenleben für beide Personen nicht gut wäre. Solange wir zusammenlebten, habe ich Gregor ordentlich versorgt, doch »Mutterliebe« habe ich in mir nie verspürt. Er war zu faul, die Milch aus meiner Brust zu trinken, und wenn er abends um sechs oder sieben im Bett lag, dann hatte ich endlich Feierabend und ging in die Kneipe noch etwas trinken. Und wenn er »Mami« schrie, dann ärgerte mich das, weil ich keine Rolle sein wollte, sondern eine Person mit eigenem Namen. Und wenn er gerne mit anderen spielen ging, dann konnte er gar nicht lange genug wegbleiben… Komisch kam ich mir vor bei den Elternabenden des Kindergartens — als ob ich keine richtige Mutter wäre, nicht so richtig wie die anderen, die sich um jeden Pups kümmerten… Nun ist Gregor inzwischen elf, und es hat sich bislang nichts Negatives herausgestellt, eher im Gegenteil. Also doch Mutterstolz?

Ich lebe ohne Kind, weil ich nur so meinen jetzigen Beruf ausfüllen kann. Das heißt: bis 19 oder sogar 21 Uhr abends arbeiten. Das heißt: keinen Streß haben, sondern ausgeruht und konzentriert auf meine Klientinnen eingehen können.

Gregor ist für mich eine Zwangsbeziehung. Und entsprechend hat sich unser Zusammenleben gestaltet. Und selbst in den wenigen Tagen, die wir jetzt noch zusammen sind, erlebe ich es so. Nicht, daß ich ihn nicht mag — doch besser aus der Ferne…

Die Idee mit unserem Hausprojekt hat mir gut gefallen. Es müßte noch dahin ausgeweitet werden, daß in dem Haus eine bezahlte Person arbeitet, die für die Kinder zuständig ist. Die Isolation und Fixierung Mutter/Kind würde so aufgehoben. Die Mutter gewinnt Freiraum, das Kind Ausweichmöglichkeiten. Ich bin für alle Maßnahmen, die die Mutter entlasten, z. B. mehr Kindergärten, Kinderärzte ohne Wartezeiten, ältere Leute im Haus, die sich auch mal verantwortlich fühlen, Kindergruppen, Jugendgruppen und ein fahrbarer Mittagstisch…!«

»Wenn es diese Möglichkeit gäbe, ohne Vorwurf, dann wäre das gang und gäbe ...«*

(1 Minute Schweigen)

Sara: Ich bin entsetzt, ehrlich!

Karin: Ja, im ersten Moment dachte ich auch, das ist jetzt das andere Extrem zu den Eltern, die jeden Pups wissen wollen. Aber dann hat sie ja konsequent gehandelt. Es gibt ja genug Eltern, die gar nicht viel für ihre Kinder empfinden, aber aus Pflichtgefühl oder aus Angst vor den Nachbarn die Kinder behalten. Und das ist der Beginn der Frustküche. Da ist es vielleicht eine Alternative, konsequent dazu zu stehen. Wie frustig hätte die sich vielleicht zu ihrem Kind verhalten und hätte vielleicht einen größeren Schaden angerichtet, als wenn sie dazu steht und sagt: Ich gebe das Kind jetzt ab, ich mag nicht mehr. Das ist so der zweite Gedanke, der mir da kommt.

Sara: Meinst du, man kann noch einen größeren Schaden anrichten?

Gisela: Vielleicht hätte sie sich dazu hinreißen lassen, das Kind zu schlagen oder zu mißhandeln.

Karin: Das hätte schon gelangt, das Gefühl: Du bist irgendwie unerwünscht bei mir. Da wäre der Schaden groß genug gewesen.

Sabine: Ja, ich denke, das hat er ja auch gespürt, sonst wäre er nicht gerne lange draußen geblieben. Und daß er auch die Muttermilch nicht trinken wollte.

Christine: Erst mal hat sie sich ja ganz »normal« zurechtgefunden mit der Mutterrolle. Wenn sie den Brief in der Projektzeit geschrieben hätte, dann hätte sie, glaube ich, gut zu uns gepaßt.

Britta: Ich finde das konsequent, was sie macht.

Lisa: Ich auch.

Britta: Ein bißchen komisch finde ich das mit den Großeltern, das Unter-Druck-Setzen mit der Heimdrohung. Aber sonst find' ich das richtig so.

* Diese Diskussion um den vorhergehenden Text von Christiane Dietrich wurde während der Hamburger Frauenwoche 1985 aufgezeichnet (siehe auch S. 121).

Sara: Du findest das also konsequent, weil sie gehandelt hat nach dem, was sie empfunden hat. Hättest du das auch gesagt, wenn sie das Kind totgeschlagen hätte, dann wäre sie ja auch konsequent gewesen?

Lisa: Aber das ist doch ganz was anderes!

Britta: Das finde ich idiotisch, das finde ich völlig idiotisch! Dann vergleichst du ja die Situation bei den Großeltern, wo der Vater groß geworden ist, damit, als wenn er da totgeschlagen würde.

Sara: Nee, mir geht es um die Aussage »konsequent«. Auch jemand, der ein Kind mißhandelt, handelt konsequent, der handelt nach seinem Gefühl.

Britta: Nein, der handelt unverantwortlich. Sie hat ja auch für das Kind eine Lösung gefunden.

Susanne: Ich sehe den Vergleich mit einer Mißhandlung überhaupt nicht. Mißhandlung ist meistens eine Tat, die aus dem Affekt heraus geschieht, und wenn ich sehe, die Beziehung zu meinem Kind ist gestört, dann kann ich auch vom Kopf aus darangehen und mir überlegen, was ist eigentlich für dieses Kind und für mich am besten? Und ich finde, das ist ein Austausch der biologischen Mutter gegen Ersatzpersonen. Ich finde es bewundernswert irgendwie, sich gegen diese ganzen Schranken und ablehnenden Haltungen in der Gesellschaft zu stellen und sich darüber hinwegzusetzen und das trotzdem zu machen.

Britta: Sie hat das Kind ja auch erst mal dem Vater gegeben.

Sara: Aber dann hat es ja nicht geklappt mit dem Vater!

Britta: Ja, aber warum soll sie es dann wieder zurücknehmen? Warum soll **sie** das denn ausbaden, wenn er nicht damit zurechtkommt? Dann ist sie dazu verdonnert, dieses Kind zu behalten, bis es 18 Jahre alt ist und irgendwann auszieht von zu Hause? Oder was? Also ich sehe das nicht ein, daß die Frau, wenn sie damit nicht klarkommt, wenn das ihren Vorstellungen entgegenläuft, sie Beziehungen nicht haben kann, die sie haben möchte, daß sie das Kind wieder nehmen soll.

Meike: Aber wo ist denn das Kräfteverhältnis? Das Kind kann sich überhaupt nicht mehr entscheiden. Aber ich als Frau und Mutter kann dann sagen: So, du gehst weg. Ich kann es nicht, und dann sollen sich andere damit auseinandersetzen.

Beate: Was wäre denn die Alternative?

Meike: Ist mir noch nicht eingefallen.

Sara: Ich find' das einen ganz schönen Hammer. Ich glaube nicht, daß ein Kind das so ohne weiteres bewältigen kann.

Dora: Aber andererseits trennen sich ja auch viele Väter von der Mutter bzw. von dem Kind, und da fragt auch keiner, ob das Kind nun deshalb einen Schaden erleidet, weil eine der beiden Bezugspersonen weg ist. Dann ist das selbstverständlich, wenn der Vater geht.

Elisabeth: Ich finde das schon bezeichnend, daß ihr voraussetzt, daß es dem Kind schlecht geht. Warum eigentlich? Man könnte doch genauso spontan den Gedanken haben: Mensch, das ist doch toll bei Oma und Opa. Omas und Opas sind manchmal auch ganz prächtige Menschen! Ich finde das ganz toll, was die Frau gemacht hat. Für sich und für das Kind. Ich finde das unheimlich ehrlich und aufrichtig, und ich würde eigentlich wünschen, daß viel mehr Mütter sich dazu durchringen.

Dora: Ich finde, bezeichnend ist es, daß man dem Vater irgendwie zubilligt, daß er außen vor ist, daß er also keine Verantwortung für das Kind hat. Die Frau hat die Verantwortung. Darum muß man auch diskutieren, und dann fragt man noch, was gut für das Kind ist. Das Kind hat ja eigentlich nie eine Entscheidungsmöglichkeit; das schwächste Glied, wie vorhin jemand gesagt hat, kann niemals sagen: Mir passen meine Eltern nicht, ich gehe, ich ziehe aus, ich will lieber woanders leben. Das gibt's überhaupt nicht. Es ist schon erstaunlich, wenn eine Frau sagt, ich entscheide mich, ich will lieber anders leben, und das geht nur in dieser Form. Da wird das schon kritisiert.

Sara: Ich bin Erzieherin von Beruf und hab' im Heim gearbeitet. Da waren Kinder, die wurden zu Hause wirklich ganz, ganz übel behandelt. Weißt du, wo die hinwollten? **Nach Hause** wollten die.

Britta: Das ist ja klar.

Sara: Ach, auf einmal!

Christine: Ja, weil ein Kind normalerweise bei den Eltern lebt, hier bei uns. Deshalb! Das sagt noch gar nichts über die wirklichen Gefühle aus.

Sara: **Eben gerade** sagt das was aus. Daß da eine emotionale Geschichte läuft.

Christine: Im Kindergarten meines Sohnes hat sich einmal ein vierjähriges Mädchen bitter bei seinen verheirateten Eltern beklagt, daß es im Gegensatz zu vielen anderen Kindern der Gruppe nur **einen** Vater hat. Sie wollte da nicht mehr hin, bis sie auch einen zweiten Vater vorweisen könne. Die anderen hatten den leiblichen Vater und den neuen Freund der Mutter. Das galt als normal für die Kinder. Kinder sind, glaube ich, in diesen Dingen viel anpassungsfähiger als wir.

Elisabeth: Das hat auch was mit den Ideologien zu tun, die in den Heimen selbst aufrechterhalten werden, wenn die Kinder zurück wollen. Ich bin Sozialpädagogin und weiß das auch, weil ich leider oft Heimaufnahmen vornehmen muß. Ich sage immer noch »leider«, aber nicht deshalb, weil die Kinder von zu Hause wegkommen. Das finde ich in den meisten Fällen positiv und gut, daß es so ist. Bloß die Heime sind leider so, daß sie nicht eine wirklich gute Alternative sind, weil sie die Autonomie der Kinder nicht genug fördern. Das könnte man sich ja ganz anders vorstellen mit Gruppen, in denen Kinder und Jugendliche für sich selber sorgen, sich emanzipieren können und höchstens mal Ansprechpartner brauchen.

Nora: Ich möchte das unterstützen. Ich bin auch Sozialpädagogin und habe festgestellt, daß Kinder aus den chaotischsten Situationen wieder nach Hause wollten. Das hängt sicherlich mit dieser ganzen Ideologie zusammen, daß Kinder und Eltern zusammen leben **müssen,** und da ist das dann vollkommen wurscht, ob die Eltern prügeln. Es ist für die Kinder halt wichtig: Sie leben zu Hause. Eine Bindung ist sicherlich da, nur ob die so gut ist, das möchte ich bezweifeln.

Susanne: Die Alice Miller beschreibt das auch in ihrem Buch über die Schwarze Pädagogik, »Am Anfang war Erziehung«, daß die Kinder nach Hause zu ihren Eltern wollen, daß sie ihre Eltern lieben, von denen sie geschlagen, geprügelt, mißhandelt, wie Dreck behandelt werden. Ich denke, daß da was dran ist, aber daß das so eine krankhafte Abhängigkeit ist. Je früher man eine solche Abhängigkeit abbricht, desto besser ist das für ein Kind.

Sara: Das ist aber auch die Geschichte, daß in dieser Gesellschaft, in dieser Kultur, die Identität über Mama und Papa läuft. Wer bin ich, wo komm' ich her? Und daß das halt hier über Familie läuft.

Elisabeth: Was ist denn die Alternative?

Sara: Diese Mutter, die diesen Brief geschrieben hat, hätte ja den

Weg gehen können zu sagen: Ich komme mit der Situation nicht zurecht, guck' ich mir doch mal an, warum ich mit der Situation nicht zurechtkomme. Daß sie vielleicht mal hätte klarkriegen müssen: Warum ist das bei mir so?

Elisabeth: Du wirfst ihr ja was vor.

Sara: Ja, das tu' ich auch. Weil man mit einem Kind nicht umgehen kann wie mit einem Blumentopf! Bei mir kommt da nur an, daß ich wirklich entsetzt bin.

Susanne: Aber warum denn? Du kennst die Großeltern nicht, du weißt nicht, was die für ein Verhältnis zu dem Kind haben.

Sara: Ich finde, das Kind hat ein Recht auf eine konstante Beziehung, und die ist ihm verbaut worden!

Lisa: Was wäre denn die Alternative gewesen? Das wäre doch nicht die Mutter gewesen?

Sara: Die Alternative wäre vielleicht gewesen: Geh'n wir mal zu einer Beratung, zu einer Therapie. Kriegen wir mal klar, was trennt uns, was verbindet uns, arbeiten wir mal an uns! Können wir wirklich nicht zusammenkommen?

Christine: Dein Vorschlag gruselt mich. Unterm Strich habe ich verstanden: Das heißt, wenn ich Mutter werde, wenn ich ein Kind kriege und komme in irgendeiner Weise nicht damit klar, dann habe ich die **Pflicht,** eine Therapie zu machen, die mich zu einer »guten Mutter« macht.

Sara: Wenn ich das Kind viereinhalb Jahre gehabt habe, bin ich auch in die Pflicht genommen, dem Kind die Möglichkeit einer konstanten Beziehung zu geben.

Britta: Und was ist mit den Beziehungen der Frau, die das Kind abgelehnt hat? Bedeutet das für die Frau, daß sie dann konsequenterweise auch keine Beziehungen mehr haben darf?

Sara: Da geh' ich doch hin und frag' doch erst mal: Was läuft jetzt in dem Kind ab? Warum kommt es mit den Freundinnen nicht zurecht?

Elisabeth: Was mich wirklich fast schon ärgert, ist, daß du dieser Frau von vornherein unterstellst, daß sie gedankenlos mit den Sachen umgegangen ist. Bei mir kommt genau das Gegenteil hoch. Sie hat doch klar gesagt, was sie behindert, was sie für Gefühle gegenüber dem Kind hat. Warum soll sie nun noch versuchen, durch eine Therapie oder gar Analyse noch einen anderen Kern zu finden? Das reicht doch! Sie hat doch viel gesagt. Warum reicht dir das nicht?

Sara: Weil ich's verantwortungslos finde. Verdammt noch mal, wenn ich schwanger bin und mich für ein Kind entscheide, dann, bitteschön, soll ich auch erst mal dazu stehen!

Britta: Lebenslänglich! Und das nur, weil du die biologische Mutter bist, und der Alte, der braucht das überhaupt nicht! Ich finde das eine absolute Scheiße und Schweinerei!

Gesine: Ich denke, wenn es die Möglichkeit gäbe, ohne den Vorwurf, daß du deinem Kind was Böses tust, die Kinder für eine gewisse Zeit — oder auch für immer — abzugeben, müßten wir das gar nicht so diskutieren. Dann wäre das gang und gäbe, wäre überhaupt keine Frage für viele Mütter. Und wir würden auch nicht denken, daß es unseren Kindern dann schlecht geht. Ich glaube, zum Beispiel im Kibbuz stellt sich die Frage gar nicht so. Ich denke, das ist auch so ein Ding von uns, daß wir sagen, dem Kind muß das schlecht gehen, wenn wir es weggeben.

Christine: Vielleicht wollen wir das irgendwie, daß es denen schlecht geht, wenn sie woanders sind?

Britta: Das glaub' ich ganz bestimmt. Das ist ja schon in der Babygruppe so, wenn wir eine Reise machen mit den Kleinen. Manche Eltern verhalten sich dann dermaßen klettig, sagen dem Kind: »Es ist ja nicht so schlimm«, und erwarten, daß das bestimmt nichts wird. Die sind dann völlig fertig, können es nicht glauben, daß das bei den meisten Kindern problemlos geht ohne Mutter und Vater.

Elisabeth: Bei mir kommt dann manchmal auch die Frage, wozu hab' ich eigentlich ein Kind bekommen, wenn ich feststelle, daß mein Sohn immer besser ohne mich leben kann. Der geht eigentlich jeden Tag nach dem Kindergarten am liebsten mit jemand mit und übernachtet da, oder ich fahre mit ihm Zelten und denke, was wir Tolles machen können, Steine sammeln und so. Und kaum sind wir da, hat er so'n kleinen Freund, und ich sehe ihn den ganzen Urlaub kaum, weil er ständig auf Achse ist.

Ines: Meistens ist es ja gerade so, daß **wir** die Kinder bei uns haben wollen, gerade dann, wenn die nicht wollen.

Kerstin: Man muß aber auch so ein Recht auf eine gleichberechtigte Beziehung haben.

Ines: Ja, das muß man dem Kind auch zugestehen.

Kerstin: Nee, ich finde, das muß man **sich** zugestehen! Daß man das Recht hat, von dem Kind auch was zu fordern. Ich find' das nicht gut: Wenn das Kind was braucht, dann muß ich es machen, und wenn ich was brauche, dann muß das Kind das nicht machen.

Elisabeth: Das ist so eine Freundschaftsebene, die ich eigentlich auch gut finde, aber das ist gar nicht so leicht zu realisieren.

Christine: Es gibt eben dann, wie in jeder anderen Beziehung, Momente, die einen verletzen. Wenn ich mit jemand Kaffeetrinken gehen will und habe die absolut geile Superkneipe aufgerissen, wo es den besten Kaffee Deutschlands gibt, gehe mit dem da hin und der sagt nur: »Ich will 'ne Cola!« Dann bin ich sauer. So geht das mit Kindern, daß du irgendwie denkst, jetzt mache ich was, was mir Spaß macht und dem Gör vielleicht auch, und dann setzen sie uns irgendwann auf den Pott. »Ich brauch' dich gar nicht. Ätsch!« Und das einzige, wofür sie dich dann irgendwie brauchen, ist: » Haste 'ne Mark?«

Elisabeth: Du mußt nur noch dies und jenes machen, was sie nicht können, die Wäsche waschen mußt du noch. Und dann platzt mir manchmal der Kragen, daß ich manchmal denke, verdammt noch mal, jetzt bin ich wieder in so einer Versorgungsfunktion drin.

Sonja: Ich finde das sehr wichtig, weil mich das an unser Verhältnis zu unseren Müttern erinnert: Wenn ich mir das so als Endpunkt einer Beziehung mit einem Kind vorstelle, dann kommt mir echt das Grausen. Irgendwie hat man ganz schön viel in so eine Beziehung investiert und will auch was davon haben. Und dann setzt sich das Kind ab. Man ist dann nur noch die Mutter, die vielleicht alle zwei Monate besucht werden muß.

Elisabeth: Ich habe schon auch das Gefühl, daß ich an ganz vielen Stellen entschädigt werde, wo ich ganz viel Zärtlichkeit bei dem Kind entdecke und Rücksichtnahme und Spaß zusammen. Obwohl das ein wichtiger Punkt ist. Mal sehen, wenn die so 15 Jahre alt sind. Was weißt du denn, was aus unseren Kindern wird? Ob so ein Popper-Schnopper oder so was? Den nervt dann vielleicht, daß ich so chaotisch lebe, oder er will sich eine Wohnung aus Plastik einrichten.

Christine: Es ist ja für beide Seiten eine Zwangsbeziehung, wie das läuft. Es geht ja in Wirklichkeit nur darum, kleine Kinder zu betüteln und zu versorgen und größere Kinder finanziell und kulturell und sonstwie auszustatten. Ja, und dann? Dann ist Ende. Und wenn wir ganz viel Glück haben, denke ich, dann kommt, wenn die groß sind, zwischen gleichberechtigt erwachsenen Leuten noch was rüber. Dann haben wir schon ganz viel Glück, wenn es dann irgendwie aufhört, diese Zwangsbeziehung zu sein.

»Nachdem ich sowieso schon aussehe wie 'ne runde Mutti ...«

Kindheit eng
streng
pflichtbewußt
ordentlich
humorlos
autoritär
angstvoll
einsam
leistungsorientiert
im Kleinbürgerhaus
nach dem Motto: »Nur ein Weg führt nach Rom«
bei einer Mutter,
die immer da ist für ihr Kind
den Haushalt bewirtschaftet
die jedes Loch im Hemd entdeckt
jeden ungeputzten Schuh kommentiert
das Flüstern der Nachbarn hört
montags die Gardinen wäscht

Ulrike Fruth, 27 Jahre alt, ist Krankenschwester und hat eine dreijährige Tochter, die seit zwei Jahren in die Kinderkrippe geht. Sie lebt mit dem Freund (Vater der Tochter) zusammen, »überzeugt und dogmatisch« unverheiratet.

dienstags die Fenster putzt
mittwochs große Wäsche hat
donnerstags, freitags und, und . . .
bei einer Mutter,
die ihr Leben nach außen vertritt
ihrem Kind aber
eigene Enthaltsamkeit
verlorene Freiheiten
aufgegebene Karriere
vorwirft
Die eigentlich immer
mal wieder
in ihrem Beruf arbeiten will
aber dem
nach elf Jahren geborenen Zweitkind
die gleichen Chancen geben will
nun bleibt sie weiterhin
im Hause
und herrscht in ihrem Reich
über Mann
und Kind
Sie ist gereizt
unausgeglichen
ungerecht
Sie überwacht
Schritt und Tritt
ihr entgeht nichts
in der Hoffnung
ihr Kind vor Bösem zu schützen
Sie hält ihr Kind
wie ein schwelendes Feuer
im Zaum
jahrelang
bis es ausbricht
auf der Suche nach
Freiheit
Liebe
Geborgenheit
Individualität
Humor
Selbstbewußtsein
Abwechslung

Ich war das
falsche Kind
für diese Mutter
ihre Mutterschaft
ist ein großes Mißverständnis.

Nach jahrelangem Austoben
Motorrad fahren
Reisen
Beruf lernen
politischem Engagement
vielen Freundschaften
alleine
zu zweit
mit vielen wohnen
wurde meine Tochter
mit Liebe fabriziert
geboren
ich bin bereit mit
        Liebe
        Geborgenheit
        Zärtlichkeit
        und Muttermilch
für dieses neue Wesen.
Während des ersten halben Jahres
werde ich aufgefressen
von der Wäsche
dem schmutzigen Geschirr
der chaotischen Wohnung
dem ständig säugenden Säuger
dem Freund – der auch noch Ansprüche stellt
ich verliere
        die Spritzigkeit
        das Frechsein
        die Spontaneität
        die Flexibilität
        den Humor
        meine Individualität
nachdem
ich sowieso schon aussehe
wie 'ne runde Mutti
ich bekomme keine

Nahrung
von draußen
von anderen Menschen
zu mir strömen
nur noch
andere neue Muttis
mit einem Thema
welches nicht
mein Hauptthema
bleiben soll.

Bevor mir klar wird
selbst auf dem besten Weg zu sein,
meine eigene Mutter zu werden
breche ich erneut
aus

Gebe mein Kind
in den Kindergarten
um zu arbeiten
um mit Unbeteiligten zusammen zu sein
um Nahrung zu sammeln
um meine Individualität
zurück zu erobern
um einen neuen Beruf zu lernen
um gesättigt nach Hause zu kommen
um dort
mein Kind zu haben.

Ich wäre
als Kind
mit mir
als Mutter
glücklich geworden
in der Hoffnung
daß es meinem Kind
genauso geht
werde ich
mein Mutterdasein
nicht ändern!
Die Chance des Kindes
liegt darin

eigene Erfahrungen zu machen
andere Menschen kennenzulernen
große Selbständigkeit zu erlernen
zu Hause
eine Mutter vorzufinden
die fidel
humorvoll
ausgeglichen
großzügig mit Liebe
unverdrossen ist
mit der man
trotz der ungestopften Löcher im Hemd
lachen
und immer noch genug lernen kann.
(Da es hier ums Mutterdasein geht, habe ich den Vater außer acht gelassen, der aber im Leben meines Kindes auch eine wesentliche Rolle spielt.)

»Wenn ich dann ohne Kind spazierengehe, dann sieht ja keiner mehr, daß ich 'ne Mutter bin . . .«*

Ines: Also, ich muß sagen, daß der Brief mir aus der Seele spricht. Genauso sehe ich das auch. Daß Kinder eine Chance haben, sich zu entwickeln, und das können sie eigentlich ohne Mutter viel besser. Indem man ihnen die Chance gibt, alleine Menschen kennenzulernen, selbständig zu werden. Ich glaube nicht, daß ein Kind das erreicht, wenn es immer zu Hause bei der Mutter ist.

Beate: Bei mir ist das so, daß ich mich sehr mit dem Thema ›Kind‹ beschäftige, seit meine Tochter da ist, und daß ich selten mit Leuten zusammenkomme, die keine Kinder haben. Ich weiß nicht, wodurch.

Ines: Das ist aber auch ein Bedürfnis, über Kinder zu sprechen in der Situation. Weil man sonst nirgendwo Gelegenheit dazu hat.

Beate: Aber irgendwo geht mir das schon zu weit.

Lisa: Ja, es geht einem auch ganz schön auf den Keks, und es ist schwer, aus dieser Rolle wieder rauszukommen, sich

* Diskussion um den Text von U. Fruth (siehe S. 121).

wieder offen zu machen für Freundinnen, die keine Kinder haben.

Meike: Es ist auch schwer, sich das immer wieder anzuhören. Jedesmal gibt's dann nur **ein** Thema, wenn Mütter anwesend sind.

Ines: Aber ich habe auch das Bedürfnis, mit anderen darüber zu sprechen, schon als Beruhigung, daß es nicht nur bei mir so chaotisch läuft.

Meike: Das kann ich verstehen, wenn du jetzt mit Frauen sprichst, die Kinder haben. Aber wenn du mit Frauen sprichst, die keine Kinder haben, und wenn du dann ständig von Kindern erzählst, das nervt mich dann, und wenn ich was dazu sage, dann heißt es: Ja, du hast ja keine Ahnung und keine Erfahrung... Und das Interesse für andere Sachen ist erst mal auf Eis gelegt bei den Müttern.

Elisabeth: Ich glaube, das ist eine Zwangsläufigkeit in dem Augenblick, wo man keine anderen Impulse kriegt. Stellt euch mal vor: eine Situation, wo man wirklich zu Hause ist und das Kind rund um die Uhr hat. Wenn die so lütsch sind, dann beansprucht einen das kleine Wesen ja wahnsinnig. Ich weiß, daß ich das erste Jahr nur noch in der Lage war, Krimis zu lesen oder abends vor der Glotze zu hängen. Daß ich unfähig war, was aufzunehmen geistig, weil ich nachts so oft aufgeweckt wurde und körperlich total kaputt war. Man hat das Gefühl, man ist in einem Vakuum, und das ändert sich auch erst in dem Augenblick, in dem man wieder nach draußen geht.

Meike: Nur, ich denke, wenn man dann mit anderen Frauen zusammenkommt, könnte man ja froh sein, daß die einem andere Impulse geben.

Susanne: Aber das Problem ist, daß man dann passiv ist in diesen Gesprächen, weil man selber wenig dazu beitragen kann. Das nervt die anderen dann, wenn man nicht kompetent ist für, was-weiß-ich, hochpolitische Fragen.

Sara: Sind denn die Frauen, die keine Kinder haben, soviel anders? Viele meiner Freundinnen sind Lehrerinnen, da ist doch auch nur ein Thema: Schule, Ärger mit Kollegen, und viel anderes läuft da nicht ab.

Lisa: Das ist ein anderer Berührungspunkt.

Susanne: Weil da anders gewertet wird.

Lisa: Selbst wenn Lehrer mit Arbeitern zusammenkommen, ist da noch was Gemeinsames, sich übers Berufsleben auszutauschen: nämlich, daß man acht Stunden zur Arbeit gehen muß und ein Pensum absolvieren muß, während du mit Kind irgendwie doch auch noch jemand anderes bist.

Christine: Ja, wieso eigentlich?

Elisabeth: Weil's ins Private abgeschoben wird, das ist was ganz Privates, Kinder haben, und entspricht aber eigentlich der Organisierung der heutigen Zeit gar nicht mehr.

Gisela: Viele Frauen verhalten sich wirklich wie Glucken, wenn sie Kinder haben. Es ist dann das einzige, worum sie sich kümmern und was sie nicht hergeben wollen. Und wenn sie dann noch so darüber stöhnen, wie anstrengend und nervig das ist – Verantwortung abgeben wollen sie auch nicht, selbst wenn du ihnen das anbietest. Das verstehe ich oft nicht.

Susanne: Ja, weil du dann gleich schlecht angesehen bist! Das ist ein enormer Druck, wenn du ein kleines Baby von ein paar Monaten hast und gibst das weg, läßt jemand anderes aufpassen. Ja, wie stehst du denn dann da? Packst das alleine nicht, oder was? Der innere Druck, den du hast, eine gute Mutter zu sein und dein Kind versorgen zu können und es glücklich zu machen, der ist unheimlich groß.

Christine: Ich hab' das auch immer als Unsicherheit empfunden. Einerseits dachte ich manchmal, ich bin total unersetzlich, und das ist das Größte und Einzige überhaupt auf dieser Welt: ich und mein Kind! Und fünf Minuten später dachte ich, die Aufzucht von Babys und Kleinkindern könnte man – bis auf das Stillen – auch sechs- bis achtjährigen Kindern übertragen. Weil das immer wieder dasselbe ist und eigentlich gar nichts Besonderes, es ist so was Stinknormales. Und zwischen diesen beiden Polen schwebst du ja immer. Dann stehst du da mit deinen Ansprüchen – Madonna und Kind. Irgendwie das schärfste Kind unter der Sonne zu haben. Das paßt ja alles nicht. Das ist nur Ideologie.

Elisabeth: Das ist doch die Frage: Wer braucht wen? Brauchen wir die Kinder? Oder brauchen die Kinder uns? Ich denke, daß wir die Kinder brauchen.

Lisa: Daß wir uns auch auf diese Weise unersetzlich machen. Einfach, um Anerkennung zu finden.

Sabine: Ich denke schon, daß auch die Kinder die Mütter brauchen, aber eher als ›Bezugsperson‹, und nicht als Aufsichtsperson.

Christine: Viele Mütter machen tolle Spiele mit ihren Kindern und so was, aber dadurch, daß sie alleine die Verantwortung tragen müssen, muß automatisch eine Aufsichtsperson dahinterstecken.

Sabine: Manchmal würde das aber wirklich ein siebenjähriges Kind machen können oder eine andere Person. Das ist nicht wichtig, wer zum Beispiel in der Küche steht und mal als Ansprechpartner da ist.

Sara: Das ist nicht richtig. Die Mutter muß nicht direkt da sein, aber erreichbar muß sie sein. Sie ist im Bewußtsein des Kindes da, und das ist eine ganz wichtige Geschichte für das Kind. Und es gibt meines Erachtens keinen psychologischen Ansatz, der da widerspricht. Genau diese Person – das muß nicht unbedingt die biologische Mutter sein, aber eine feste Bezugsperson – die immer da ist, muß erreichbar sein.

Karin: Vierundzwanzig Stunden am Tag?

Lisa: Also, das glaub' ich einfach nicht.

Sara: Doch, ein konkreter, kontinuierlicher Ansprechpartner muß für das Kind da sein, rund um die Uhr.

Susanne: Ein einziger Ansprechpartner, oder können das auch drei oder vier sein?

Lisa: Wer hat das denn rausgefunden? Wer sagt denn das? Irgendwelche Männer, die das wissenschaftlich herausgefunden haben wollen?

Sara: Das ist eben nicht wahr! Ich kann für **ein** Gebiet sprechen – ich komme von der psychoanalytischen Forschung her. Und da sind es **Frauen,** die grundlegende Werke dazu geschrieben haben. Es sind eben keine Männer gewesen!

Lisa: Das heißt doch überhaupt nichts!

Christine: Das ist doch völlig egal!

Ines: Hat man da auch die Kinder gefragt? Ich frage mich, ob das wirklich das ist, was die Kinder wollen.

Lisa: Meine Erfahrung ist: Es ist völlig egal, ob ich da bin oder eine Freundin von mir. Ich denke manchmal: Warum mache ich mir eigentlich die Sorgen? Das ist das, was mich so stört – daß ich mir immer so viel Verantwortung reinziehe . . .

Gisela: Das ist auch das, was mich so stört: Daß die Mütter immer einfach aufspringen, auch wenn genug andere Personen da sind. Aber die Mutter springt auf.

Lisa: Ist immer die Schnellste! Da bin ich oft mit mir selbst im Clinch. Es muß gar nicht sein. Es ist nur so ein Streß, dem du dich unterwirfst. Da fängt es an mit den ersten Zwängen, dem Beengt-Werden. Daß man alles kontrolliert.

Kerstin: Das spricht wieder dafür, daß die Mutter das Kind braucht.

Britta: Ich arbeite in einem Babyhaus als Erzieherin. Es gibt Mütter, die verlangen, daß der gesamte Tagesablauf ihrer Kinder protokolliert wird bis ins einzelne. Und die arbeiten oder studieren. Da frage ich mich, worum drehen sich deren Gedanken?

Christine: Ich finde es, ehrlich gesagt, erschreckend, daß ihr im Babyhaus schon Protokolle schreibt über die armen Kinder.

Britta: Wir schreiben heute nicht mehr soviel – aber zu Beginn lief das so. Die Eltern wollten jeden Furz wissen, aber wirklich jeden. Wann die geknackt haben, wie oft und so, was und wieviel sie gegessen haben. Das war für einige unheimlich wichtig.

Gesine: Ich mache im Moment mit etwas größeren Kindern die Erfahrung, wie Mütter ihre Kinder brauchen. Meine Tochter ist acht. Da kommt ein Kind z. B. nachmittags zum Spielen, soll um fünf wieder zu Hause sein, und wenn es fünf nach fünf nicht zu Hause ist, dann steht die Mutter schon in Tränen aufgelöst vor der Tür. Die Mutter denkt, sie war jetzt verantwortungslos, dem Kind könnte sofort bei diesen fünf Schritten was zustoßen. So 'n völlig irrationaler Ansatz.

Ines: Ich glaube, das hängt noch mit einem anderen Punkt zusammen. Wenn man selber für sich wenig Verantwortung übernimmt, weil da immer jemand anderes war oder ist, Vater, Mutter, Ehemann, dann neigt man auch dazu, den Kindern Verantwortung für sich selber abzunehmen. Aber selbst kleine Kinder können schon Verantwortung tragen und entscheiden. Das kann ich, glaube ich, am besten zulassen, wenn ich mich auch mal raushalte aus dem Leben des Kindes. Ich glaube, das hängt viel mit dem Vertrauen zusammen, das Vertrauen, daß ein Kind schon was kann.

Karin: Aber mit diesem ständig Sich-darauf-Konzentrieren kann man fein von sich selber ablenken, von eigenen Problemen, dem eigenen Nichtselbständigsein und so. Egoismus, der als Opfer verkauft wird. Eigenartig, offenbar sind wir ja immer noch so gluckig und sitzen dann aber hier und beschweren uns, können nicht loslassen und sehen uns als Opfer. Irgendwie ist das pervers.

Christine: Kennt ihr auch dieses Gefühl, mit einem Kind die Individualität zu verlieren? Wie seid ihr damit umgegangen?

Beate: Meine Tochter ist acht Monate alt – ich empfinde die momentane Situation als Einschränkung meiner Persönlichkeit, obwohl sie jetzt gerade – während der Frauenwoche – beim Vater ist. Ich will später viel mehr für mich tun, wenn sie in eine Kindergruppe kann.

Christine: Ich denke, es geht gar nicht nur darum, daß man nicht weggehen kann, ins Kino oder so, sondern: Um was drehen sich auf einmal die Gedanken? Das sind ja plötzlich nicht mehr nur die eigenen Zukunftsträume, sondern auch welche für die Kinder. Es verschwimmt alles. Ich kann mir das auch erklären. Das hängt sicherlich damit zusammen, daß dieses Kind schließlich aus **uns** rausgekommen ist, und man muß die Trennung dann erst mal vollziehen. Zum anderen wird es von uns ja gerade verlangt, daß wir uns für dieses Kind aufopfern. Ich habe das als Falle empfunden. Weil es erst mal ja ganz schön toll ist und spannend, diese Gratwanderung auf der eigenen Individualität. Irgendwie ist ja was **anders,** wenn du plötzlich ein Kind hast, und es ist mit jedem Kind anders. Ein bißchen ähnlich ist es mir gegangen, als ich das erste Mal gebumst habe. Da habe ich auch gedacht: Jetzt sehen mir das alle an. Und als ich dann das Kind hatte, habe ich auch gedacht: So, irgendwie ist es jetzt anders.

Es gibt da wohl Sachen, die mit dem eigenen Körper zu tun haben. Und mit einem kleinen Kind wird man in manchen Sachen sensibler, zum Beispiel für Umweltgeschichten. Mir ist mit meiner Tochter zum erstenmal aufgefallen, wie laut eine U-Bahn ist. Das habe ich früher einfach nicht gehört. Das sind nun keine weltbewegenden Geschichten. Aber das ist **auch** spannend, plötzlich eine andere Sichtweise zu haben. Und anders behandelt zu werden von der Umwelt.

Ines: Ja, ja, wenn ich dann ohne Kind spazierengehe, dann sieht ja keiner mehr, daß ich 'ne Mutter bin.

Christine: Und dann muß man natürlich wissen, wie's weitergeht. Bei mir waren die größten Gefahren gar nicht mit einem Baby, denn da ist es ja noch relativ sinnvoll, das Sich-darauf-Einlassen, weil es ja offensichtlich ist für jeden und auch für einen selbst, daß ein Säugling ohne einen anderen Menschen nicht überleben kann. So richtig spannend wird das dann, wenn die etwas größer werden. Ob man es schafft, zuzulassen, daß es keine Babys mehr sind.

Karin: Das ist nämlich der Punkt. Daß **wir** uns nämlich trennen! Da muß ein »Ersatz« her. Das Kind wird größer und braucht einen nicht mehr. Und wenn nichts anderes da ist, weil es vielleicht keinen Beruf gibt, dann wird man ganz unbewußt doch noch weiter klammern. Und sich nicht trennen wollen.

Christine: Dann heißt es ja immer erst mal: Das Kind braucht ein Geschwisterchen!

Ines: Es ist wirklich auch die Angst, dann was anderes machen zu müssen, wenn man kein Kind mehr hat. Es ist ja leicht, vielleicht macht man sich es als Frau manchmal sehr leicht – immer schön gemütlich, und die großen Entscheidungen trifft jemand anderes. Es gibt bestimmt Frauen, die deshalb ein Kind haben, um nicht in die Berufswelt zu müssen, um nicht arbeiten zu müssen.

Christine: Ja, aber ich denke, daß die schwierigen Entscheidungen **nur** in der Berufswelt getroffen werden, stimmt auch nicht.

Susanne: Daß Hausarbeit und Kinderarbeit leicht sind, das möchte ich ablehnen.

Sara: Aber daß du vor allem sagst, daß die nicht arbeiten **wollen,** wenn sie zu Hause bleiben, ist ein Hammer! Was ist denn Arbeit? Ist da, wenn ich zu Hause bin, **keine** Arbeit?

Ines: Ich kenn' aber Frauen, die ein Kind gekriegt haben, weil sie nicht mehr ins Büro gehen wollten.

Sonja: Aber das liegt doch vielleicht auch daran, daß das Büro noch beschissener ist!

Ines: Die haben sich aber nicht entschieden, einen anderen Beruf zu machen oder zu lernen.

Sonja: Das ist ja heute auch gar nicht so einfach. Du kannst doch nicht einfach sagen: Ich mache jetzt einen anderen Beruf.

Ines: Ja, dann sagt man eben: Ich kriege jetzt ein Kind!

Elisabeth: Ich weiß gar nicht, warum jetzt hier soviel Aufruhr ist. Das ist doch ein typisches Bild, was hier gezeichnet wird, von Frauen, die Berufstätigkeit als Übergangslösung begreifen, um sich dann irgendwann ihrer ›vorbestimmten‹ Rolle als Hausfrau und Mutter zu widmen. Das ist doch das herrschende Rollenbild, und das kann man der einzelnen Frau nicht anlasten. Welche Chancen werden denn den einzelnen Frauen hier gegeben in dieser Gesellschaft, auf was werden wir denn festgenagelt?

Kerstin: Aber es ist doch auch legitim. Es ist doch piepegal, warum ich ein Kind haben will, und sei es aus dem Grund, daß ich nicht mehr arbeiten will.

Elisabeth: Ich glaube, es ist aber keine freie Entscheidung, sondern eine aufgezwungene. Die wird dann vielleicht als frei verkauft. Und dann sind die Frauen unglücklich mit ihren Kindern, weil das gar nicht das ist, was sie wollten.

Sara: Du, aber das Glück der Erde liegt ja auch nicht unbedingt darin, entfremdete Arbeit im Beruf zu tun.

Meike: Ich lese gerade das Buch ›Cinderella-Komplex‹. Da krieg' ich allerdings auch ein bißchen die Wut, weil das manchmal so absolut dargestellt wird, daß Frauen nur das eine wollen: Verantwortung für sich abgeben, lieber zu Hause bleiben, Kinder aufziehen. Das erschreckt mich unheimlich.

Ines: Da sind auch Frauen, die das nie für möglich gehalten hätten, in diese Rolle reingerutscht.

Meike: Selbständige Frauen mit durchaus interessanten Berufen. Das fällt mir schwer zu lesen.

Christine: Die Frage ist doch, ob wir hier heute autonome Entscheidungen überhaupt treffen können. Man könnte schon sagen, die Leute, die eine Lehre machen und dann straight bis zum Rentenalter in ihrem Beruf bleiben, treffen auch keine freie Entscheidung. Da steckt, glaube ich, manchmal sehr viel Angst vor Neuem und sehr wenig Abenteuerlust dahinter. Das wär' so mein Ding nicht. Eigentlich müßte beides möglich sein. Mein Traum wäre, daß jede Frau, wenn sie Bock hat, auch mal aufhören kann mit der Arbeit, und wenn sie Bock darauf hat, soll sie sich auch um ein Kind kümmern. Genau wie das ein Vater eigentlich auch dürfen müßte. Das hängt dann eben an den gesellschaftlichen Umständen: Es wird sowieso erwartet, daß die Frauen das tun. Deshalb kriegst du auch schon die schlechteren Jobs, weil du eventuell zwischendurch mal ausfällst, und meistens kriegst du überhaupt keine Arbeit mehr, wenn du mal ausgesetzt hast. Das finde ich schlimm. Es kann ein Rückzug sein für manche Frauen, ein Kind, für manche kann es aber vielleicht auch sein, daß sie sich trauen, mal was Neues auszuprobieren. Toll ist es, wenn du dich dann aber auch mal traust, **wieder** was Neues zu machen. Das Problem ist, daß diese Arbeitswelt hier und heute mit solchen komischen autonomen Geschichten überhaupt nichts anzufangen weiß. Im Gegenteil. Da können wir uns nur auf die Schulter klopfen und uns irgendwas einreden. Ich empfinde das trotzdem als Beschneidung, wenn wir uns hinstellen und feststellen: 1. Arbeitslosigkeit, 2. Frauenfeindlichkeit, 3. Kinderfeindlichkeit – dann müssen wir also unser Leben mit diesen Zwängen verplanen.

Das ist mir zu depressiv.

Ich finde schon, daß es wichtig ist, auch Wünsche zu haben und die auszuleben. Daß wir das so wenig **wirklich** können, ist, glaube ich, eine wichtige Ursache für die Identitätskrise von Frauen, wenn sie ein Kind kriegen.

Sara: Ich kenne das nicht. Im Gegenteil. Ich bin eher ein Stück weiter bei mir angelangt.

Gesine: Ich hab' das auch als Weiterentwicklung meiner selbst angesehen.

Susanne: Als mein Kind etwa ein Jahr alt war, war ich fürchterlich unglücklich in dem Leben mit Kind. Aber das Kind hat mir auch neue Sachen und Überlegungen gebracht, zum Beispiel diese Mutter-Tochter-Beziehung in bezug auf das Verhältnis zur eigenen Mutter. Das finde ich unheimlich toll, diese Konfrontation. Das hat mich auch weitergebracht. Ich kann nicht sagen, daß ich dann die glücklichste Frau auf Erden geworden bin. Aber die Auseinandersetzung hat mir gutgetan.

Kerstin: Ich habe das Gefühl, wenn ich mit Müttern zusammenkomme, daß die sich irgendwie verändert haben. Ich habe schon oft das Gefühl, daß die ihre Identität verloren haben. Ich habe das Gefühl, die haben so einen Weg für sich gefunden, aber der ist irgendwie unecht. Das ist eine Flucht.

Gisela: Ich glaube, die sehen sich auch nur noch als Mutter und nicht mehr als Frau, die Interessen werden immer reduzierter.

Elisabeth: Ich hatte eine totale Krise. Ich war vor der Geburt meines Kindes politisch sehr aktiv, und ich hatte mir vorgestellt, das ginge so weiter. Daß das andere nicht schaffen, aber ich würde das schaffen. Und das ging natürlich nicht. Das ging einfach nicht. Am Anfang kann man seinen Säugling ja noch ganz gut mitnehmen zu Terminen. Packt man dann so in eine Tragetasche ... Aber nach einem halben Jahr war das zu Ende. Dann kam nämlich wieder die Berufstätigkeit dazu, und das war dann zuviel. Da war ich alle, kaputt, ausgelaugt. Und dann war ich richtig gebrochen irgendwann, weil ich vorher eine Frau war, die ständig in Bewegung war, auch im Kopf, die sich für ganz viele Sachen interessiert hat, anerkannt war in ihrer politischen Fähigkeit, und auf einmal war ich da drin und habe nur noch Windeln, Kind und das alles um mich gehabt. Schrecklich!

Sara: Hier kommt eine ganz schöne Männerideologie rein! Frauen im Beruf sind aktiv, und wenn ich eben zu Hause bin, bin ich nicht mehr aktiv. Ihr macht jetzt das gleiche wie diese Männergesellschaft. Wir sind **auch** aktiv zu Hause.

Ines: Als ich das erste Kind hatte, bin ich unheimlich aktiv geworden, wie vorher eigentlich nie. Da habe ich Kurse gemacht, Babyturnen, Gymnastik- und Rückbildungskurse und Malkurse und was weiß ich. Das Kind hat mich eigentlich erst aktiviert, tolle Sachen zu machen. Leute, Menschen mit anderen Kindern kennenlernen, das hat da erst angefangen. Ich habe eher das Gefühl, daß ich mit dem Kind viel lebendiger geworden bin.

Sara: Aber das wird nicht als Aktivsein gewertet.

Christine: Ist ja auch recht reduziert, denke ich, Kinderkurse machen.

Ines: Das geht aber auch nach außen. Wenn ich rausgehe, wenn ich mit meinen Kindern unterwegs bin, das ist doch eine tolle Sache.

Sara: Du siehst ja aber, was dir dann für Wertungen entgegengesetzt werden: Laß sie doch nur daheim ihre Hausarbeit machen und Kinder – ist das denn **keine** Aktivität? Das ist doch genau das, was die Typen sagen. Müssen wir uns denn als Frauen untereinander anmachen: Hey, du, kannst du nicht mal ein bißchen, bist ja nur zu Hause …

Gisela: Ich mach' die Hausarbeit jetzt nebenbei, neben der Arbeit.

Ines: Das ist aber unheimlich toll, mit den Kindern was zu machen. Meine Vierjährige animiert mich, was zu malen, mit irgendwelchen Stecksachen, was – auch für mich – zu machen. Die gibt mir Anregung für mein Leben. Weil die Ideen hat und sprüht vor Energie. Und ich sehe, wie gut mir das tut, mich mal hinzusetzen und zu malen.

Vera: Das erinnert mich so ein bißchen an die Geißler-Ideologie: Zurück ins Haus!

Christine: Aktivität ist natürlich alles. Allein LEBEN ist schon eine Aktivität. Aber bewegen wir dann noch was?

Rabenmütter: Antiheldinnen in Erfolgsromanen

Genüßlich habe ich im letzten Urlaub »Kramer gegen Kramer«[1] gelesen, diesen gerechten Schinken, so recht aus dem Leben gegriffen, außer der Kleinigkeit, daß mir ein Vater Kramer noch nicht über den Weg gelaufen ist! Genauso spannend fand ich »Jauche und Levkojen«[2], in dem sich das Kind – ebenfalls mutterlos – perfekt und seiner Zeit gemäß entwickelt. Was mir immer fehlt in diesen Romanen, sind die sympathischen Mütter. Trotz alledem, ja bitte! Was trieb Frau Kramer denn so, außer ein paar Tränen zu vergießen, vor der Schule ihres Kindes zu stehen und ihrem Anwalt in die Hände zu fallen? Autos verkaufte sie, und Liebhaber schaffte sie sich an!

1 Avery Corman: Kramer gegen Kramer, Rowohlt, Hamburg 1980.
Aus dem Umschlagtext des Romans:
»Als Ted und Joanna Kramer heiraten, sind beide berufstätig. Als nach einem Jahr ihr kleiner Sohn Billy geboren wird, gibt Joanna ihren Beruf auf, um sich ganz dem Kind widmen zu können. Aber schon bald fühlt sie sich gelangweilt, unausgefüllt. Ted möchte nicht, daß sie wieder arbeitet. Joanna bricht aus der Ehe aus: Sie verläßt Mann und Kind, um ihre eigenen Wege zu gehen. Kramer gegen Kramer: die Ehe wird geschieden …
… der bewegende Roman über einen Mann, der, plötzlich auf sich allein gestellt, für seinen vierjährigen Sohn sorgen muß … die Rechte einer Mutter gegen die Rechte eines Vaters. Ungebundenheit gegen Verantwortung, bis Joanna schließlich doch erbittert um das Sorgerecht für den kleinen Billy kämpft …
… Die Liebesgeschichte zwischen einem Vater und seinem Sohn. Ted, der sich nicht einmal sicher war, ob er das Kind überhaupt wollte, muß erfahren, daß er sich ein Leben ohne Billy nicht mehr vorstellen kann …
… ein Wechselbad der Gefühle für den Leser. Denn das Leben mit einem kleinen Kind ist für einen alleinstehenden Vater voller Aufregungen, strapaziös, erheiternd, frustrierend, komisch und oft alles zugleich. Der sitzengelassene Mann: wechselnde Haushälterinnen, Wohngemeinschaften für ein Wochenende, Bars, flüchtige Abenteuer, eifersüchtige Großeltern, tausend kleine Ängste und Gefahren auf Spielplätzen, zu Hause und in den Ferien, und nicht zuletzt der Seiltanz zwischen Haushalt und Beruf. ›Kramer gegen Kramer‹ bietet ungewohnte Einblicke in die andere Seite der Befreiung der Frau …«

2 Christine Brückner: Jauche und Levkojen, Ullstein, Frankfurt, Berlin, Wien 1980.
Aus dem Umschlagtext des Romans:
»In ihrem Bestseller-Roman erweist sich Christine Brückner als Meisterin ironisch-pointierten Erzählens. Sie schildert überaus empfindsam, aber frei von jeder Sentimentalität, die Geschichte der Maximiliane von Quindt: 1918 auf Poenichen in Hinterpommern geboren, wird sie von Mutter und Großeltern enttäuscht aufgenommen, da man sich einen Sohn gewünscht hat. Maximilianes Vater fällt noch 1918, und als die lebenslustige, leichtfertige Mutter nach Berlin zurückkehrt, wird Maximiliane praktisch Waise. So heiratet sie bald Viktor Quint, einen Mann ohne d im Namen, ohne Besitz und Adel, dafür aber mit einem Büro im Reichssippenamt. Von Berlin aus hält er sein Parteibuch wie ein Schild über Poenichen, und nur darauf kommt es der Familie an. Zu seinen vielen Grundsätzen … gehört auch die eifrige Erfüllung seiner ehelichen Pflichten. So kommt es, daß Maximiliane 1945 mit den Armen voller Kinder auf die Flucht gehen muß … eine neue Mutter Courage, macht sie sich auf den Weg in den Westen …«

Und was trieb Maximilianes »lebenslustige und leichtfertige Mutter«? Fotografien hat sie gemacht, Künstlerin war sie, und ganz nebenbei hat sie sich eingebrockt, daß sie im III. Reich emigrieren mußte vor den Faschisten. Nun hat die Tochter in Christine Brückners Roman leider nicht viel von ihrer Mutter gelernt – sie wurde gleich viermal schwanger und davon dreimal auf ganz superarische Art. Und Little-Kramer-Junior gehört bei **dem** Vater sicherlich bald zu den reizenden Jünglingen, die entweder US-Präsident werden oder in Nicaragua einfallen, im Hintergrund an der Heimatfront eine wunderschöne Gattin mit Kleinkind an der Brust ...

Gespräch mit Joanna Kramer und Vera Jadow***

Frage: Meine Damen, Sie beide sind Mütter, Rabenmütter, denen in Erfolgsromanen der Gegenwart sozusagen ein Denkmal gesetzt wurde. Sie, Joanna, haben ihren kleinen Sohn Mitte der siebziger Jahre in Zusammenhang mit einer Krise Ihrer Ehe bei seinem Vater gelassen und später auf ihn verzichtet. Und Sie, Vera, gebaren 1918 eine Tochter, die bei den Großeltern auf einem Landgut in Pommern, Poenichen, aufwuchs, während Sie in den zwanziger Jahren in Berlin Karriere als Fotografin machten. Sehen Sie sich in den Romanen von Avery Corman und Christine Brückner richtig beschrieben als Persönlichkeiten und Frauen Ihrer Zeit?
Vera: Nun, ich glaube, Sie können sich heute gar nicht vorstellen, was es zu Beginn dieses Jahrhunderts bedeutete, als Frau aus gutem Hause – ich war ja damals eine von Quindt –, als frischgebackene Ehefrau und Witwe, auf dem Gut der Schwiegereltern zu leben und ein Kind zu haben ... Und dann dazu meine Interessen, das Fotografieren und meine Freunde in Berlin! Das war unter aller Kanone. Das ging nicht, das gehörte sich nicht. Der alte Quindt hat mich ja auch dementsprechend ›großzügig‹ von meiner Tochter entfernt. Er war es ja, der mir mitteilte: »Du hältst dich demnach für eine emanzipierte Frau. Also gut, dann mußt du entsprechend leben. Du wirst auf deine bisherige monatliche Zuwendung verzichten müssen. Ich werde dir statt dessen ein Fotoatelier einrichten, über die Höhe der Kosten werde ich mich informieren. Das

* Romanfigur in: Avery Corman: Kramer gegen Kramer, Rowohlt, Hamburg 1980. Die Zitate sind hier der Lizenzausgabe des Deutschen Bücherbundes entnommen.
** Romanfigur in: Christine Brückner: Jauche und Levkojen, Ullstein-Verlag, Frankfurt, Berlin, Wien 1980.

Kind gehört hierher ... Wenn du die Aufgaben einer Mutter nicht übernehmen willst, hat deine weitere Anwesenheit auf Poenichen keinen Sinn.«

Joanna: Also, mir hat das Buch, dieser Roman, den Rest gegeben. Was die bei dem Sorgerechtsprozeß um Billy nicht geschafft haben, hat der Corman mit seinem Roman fertiggebracht. Es gibt Zeiten, da fühle ich mich selbst so beschissen, wie es in diesem Buch steht. Langsam laß ich mir das einreden: Ich bin eine Versagerin, ich komme nicht mehr an gegen diesen Supervater, den mein Ex-Mann jetzt raushängen läßt ... »Ich glaube, ich bin kein sehr reifer Mensch. Ich glaube, ... die Dinge, weshalb ich gegangen bin ... sind teilweise immer noch da. Ich habe im Moment kein gutes Gefühl, was mich betrifft.«

Frage: Also stimmt es doch, was in den Romanen über Sie ausgesagt wird?

Joanna: Nein, nein! Es ist nur teuflisch: Alle Welt zeigt mit dem Finger auf mich, weil ich meinen Sohn verlassen habe, und Ted, mein Ex-Mann, hat echt Karriere damit gemacht ... Der hätte sich, wäre ich bei ihm und meinem Sohn geblieben, höchstens mal sonntags für das Kind interessiert ... Er hatte einen guten Job, er hatte Kinderfrau und Haushaltshilfe, während er für den Jungen sorgte. Und die Leute sagten zu ihm: »Ted, du kapselst dich ab. Du kommst kaum noch mit Menschen zusammen. Du gehst nicht mehr aus.« Und sie halfen ihm!! Mir hat niemand geholfen. Als ich damals arbeiten wollte und es nicht mehr aushielt, immer zu Hause zu sein, hieß es: »Ich sehe einfach nicht ein, warum du das Wohlergehen deines zweijährigen Sohnes aufs Spiel setzen willst, nur um in irgendeinem Büro zu tippen. Darüber bist du hinaus.« »Willst du, daß er neurotisch wird?« ... Wenn Ted mich und das Kind verlassen hätte – kein Hahn hätte danach gekräht, wie ich das finanziell und organisatorisch geschafft hätte. Aber Mütter dürfen nicht gehen. Sie sollen lieber Valium fressen oder Alkoholikerin werden ... »Eine Frau muß ein Mensch sein dürfen ... ich ersticke hier. Ich muß fort«, habe ich damals gesagt, und mein Ex-Mann antwortete: »Das ist verrückt.« Und alle haben das gleiche wie er gedacht ... Es ist gelogen, daß mir nichts mehr an dem Kind lag – aber in dieser Situation – ich konnte nicht mehr, ich merkte, wie mir mein Leben aus der Hand glitt ... Ich habe nie gesagt: »Er ist ohne mich besser dran.« Das hat Corman erfunden. Ich habe und hatte nicht besonders viel Selbstwertgefühl, das stimmt. Aber immer Spielplatz, Bauklötze und Garagenbauen mit einem Kleinkind – davon kriegt man nicht eben mehr davon ... Für Männer sieht das bestimmt anders aus als für Frauen, denn sie kriegen Anerkennung dafür, wenn sie sich mit einem Kind abgeben ... Ein Roman wird geschrieben ...

Vera: In Grenzen stimmt es, was Frau Brückner über mich berichtet. Ich bin aber eben eine Randperson für einen Roman – immer noch –, obwohl ich mir vorstellen kann, daß mein Leben ereignisreicher und spannender war als das meiner Tochter, die sich leider den Verhältnissen sehr angepaßt hat ... Nun, das ist Frau Brückners Entscheidung ... Wenn ich Joanna höre, dann bin ich mir nicht sicher, ob sie's leichter oder schwerer gehabt hat als ich. Einerseits hatte ich die Probleme mit dem Kind nicht so extrem: Ich war so gut wie nie allein dafür verantwortlich, es gab eine Säuglingsschwester auf Gut Poenichen und eine Haushälterin. Andererseits wußten alle alles besser als ich. Ich habe als Mutter nach Aussagen der gesamten Verwandtschaft, einschließlich Frau Brückner, vom ersten Tag an ›versagt‹. »Fräulein Kuhl ... legte ihr das Kind an die Brust. Das Kind nuckelte ein wenig, schlief aber immer wieder ein. Der Arm der Mutter wurde ebenfalls müde; das Kind schmatzte, sabberte, saugte, schlief. Der Vorgang des Stillens zog sich auf diese Weise über Stunden hin und machte Vera, die zur Gereiztheit neigte, noch gereizter. Von ›Stillen‹ konnte nicht die Rede sein. In jedem unbeobachteten Augenblick legte sie das Kind von der linken – wohin jede Mutter aus Instinkt ihr Kind legt, nämlich ans Herz – an die rechte Brust. Abwechslungen, die weder das Kind noch seine Mutter befriedigten.« Ich, Vera Jadow, war sowieso nebensächlich. Allgemein war die Zeit und besonders die normale Welt eines hinterpommerschen Gutshofes noch nicht einmal ›frauenfeindlich‹: Frauen waren zu wenig, zu nebensächlich, als daß man ihnen Feindschaft entgegenbringen konnte. Ich war Gebärerin der Erben. Mehr nicht. Die waren so borniert in ihrer Haltung, daß sie fest davon ausgingen, es könne nur ein Sohn werden. Sogar die Hebamme hielt die Maximiliane, meine Tochter, nach ihrer Geburt für einen Jungen ... Ich habe damals meinem Mann an die Front geschrieben: »Da habt ihr Euer Kind! Tut mir leid. Es ist nur ein Mädchen. Sie haben ihm eine blaue Jacke angezogen, damit man es nicht merkt ... Jede Frau sollte erst einmal eine Geburt mit angesehen haben, bevor sie sich auf so etwas einläßt.« ... Insofern haben wir auch Gemeinsames erlebt, Joanna und ich: Wir wurden beide nicht ernstgenommen. Nur hat man bei mir – mit Hilfe des Geldes – vertuschen können, daß ich aus diesem Käfig ausgebrochen bin ... Himmel! Ich mag mir gar nicht vorstellen, was gewesen wäre, wenn mein Mann nicht an der Front gefallen wäre! Ich hätte es bestimmt schwerer gehabt. Eine Scheidung war damals nicht so leicht wie heute. Sich vor den ›Mutterpflichten‹ drücken war in unseren Kreisen nicht so was Extremes – dafür hatte man seine Leute, für das Windelwaschen und Beschäftigen mit Kleinkindern ...

Frage: Wie ist es Ihnen ergangen, als Sie plötzlich wieder allein lebten,

als Frauen ohne Kinder?
Vera: Ich bin ja regelrecht rausgeschmissen worden wegen meiner Fotos. Ich hatte Landschaftsfotos in Pommern gemacht, und die waren in einer Illustrierten veröffentlicht worden. Das war damals unmöglich für eine Frau von Quindt. »Es wäre angenehm, wenn du dir für deine fotografische Tätigkeit eine Art Künstlernamen zulegen würdest. Ich sehe den Namen Quindt nicht gern in einer Illustrierten«, war der Kommentar meines Schwiegervaters. Er richtete mir wirklich ein Atelier in Berlin ein, um mich loszuwerden. Ich wurde freie Mitarbeiterin bei der ›Berliner Illustrierten‹ und hatte großen Erfolg mit meinen Fotos. Das war nicht leicht, aber es hat auch großen Spaß gemacht. Ich lebte in Berlin, jahrelang. Meine Tochter besuchte ich regelmäßig auf Gut Poenichen, ich hatte dort noch ein Zimmer. Ich hatte viele Freunde und lernte Autofahren. Es gab tausend Gerüchte über mich, jaja, das hat Frau Brückner nicht vergessen – daß ich Hosen trug und rauchte ... »Sie verkehrte unter Homosexuellen, ohne selbst lesbisch zu sein.« Woher sie das wohl weiß, die gute Christine ... Mein Engagement für gesellschaftskritische Sachen dagegen erwähnt sie herablassend nur am Rande. »Obwohl sie mit ihren Bildern soziale Mißstände aufdeckte, war sie unpolitisch und nicht auf Änderung der gesellschaftlichen Verhältnisse bedacht. Sie entdeckte zwar die ›Poesie der Armut‹, war aber keine Käthe Kollwitz.«
Frage: Und wie war das bei Ihnen, Joanna?
Joanna: Ich bin abgehauen, Hals über Kopf. Obwohl das ja auch einem Rausschmiß gleichkam, denn ich konnte nicht zurück in diese Ehe, ohne daß ich Gefahr lief, daß mir mein Ex-Mann die Hölle heißgemacht hätte wegen des Kindes ... Ich bin nach Kalifornien, suchte mir Jobs und sagte niemand, wo ich mich aufhielt, so eine Angst hatte ich ... Es war mühsam, längere Zeit hatte ich dann einen Job bei Hertz, Autos präsentieren und vermieten, so'n amerikanischer Job für schöne Mädchen ... Das war ja auch die größte Angst meines Ex-Mannes. »Ted dachte nicht weiter an den sozialen Abstieg ..., sondern an die vielen Männer, die Joanna wahrscheinlich bei der Arbeit kennenlernte.« Ich habe mich also durchgeschlagen, drei Jahre lang. Naja, und dann habe ich ja schon immer furchtbar gerne Tennis gespielt, das konnte ich jetzt, ich habe sogar Turniere gewonnen.

Meine Eltern haben mich die ganze Zeit schwer unter Druck gesetzt wegen Billy, meinem Sohn, und auch viele der neuen Freunde nahmen fluchtartig Abstand von mir, wenn sie hörten, daß ich mein Kind verlassen habe ... Eigentlich ging's mir trotzdem nicht schlecht, bis ich dann irgendwann diesen Anwalt aufsuchte, als ich total panisch war ...
Frage: Warum haben Sie einen Anwalt aufgesucht?

Joanna: Mir war ja erst mal alles egal gewesen, wie ich mit Ted auseinanderkomme – nur weg, weg, weg... Und dann – bei uns kann man in Abwesenheit geschieden werden – kam irgendwann das Urteil. »Ted wurde geschieden und erhielt das Sorgerecht wegen ›seelischer Grausamkeit und unmenschlicher Behandlung, die ein weiteres Zusammenleben gefährlich und unangebracht erscheinen lassen‹.« Ich war also der Buhmann. Das fand ich nicht in Ordnung, und damals hatte ich einen Freund, der zufällig auch Anwalt war... naja, jedenfalls landete ich dann bei diesem Star-Anwalt, der einen Musterprozeß führen wollte unter den Schlagwörtern ›Feminismus und Mutterliebe‹ ... Ich spielte die abgehauene Emanze, und Mutterliebe sollte mehr bedeuten. Es war ein mieser Prozeß auf beiden Seiten, das sehe ich heute so, aber mein Anwalt hat ihn gewonnen. Das Ende ist ja bekannt: Ich erhielt das Sorgerecht für Billy und sollte einige Tage später das Kind wiederhaben, das drei Jahre bei meinem Ex-Mann gelebt hatte. Das habe ich dann abgelehnt und darauf verzichtet. Es war eine schlimme Zeit. Ich lebte zwei Leben, ich war gespalten. Alle Welt verlangte von mir: Nimm dein Kind wieder zu dir, sei eine normale Frau und Mutter! Aber eigentlich wollte ich das ja gar nicht. Ich wollte was anderes...
Frage: Was wollten Sie eigentlich damals, Joanna?
Joanna: Klar, ich wollte in der Nähe von Billy wohnen und ihn auch ab und zu sehen, für ihn da sein manchmal. Ich hatte ja gemerkt, daß Ted und der Junge gut klarkommen miteinander... Grundsätzlich hätte ich auch gern mehr Kontakt mit dem Kind gehabt. Das ist nun ziemlich vermasselt worden durch dieses Ätzbuch »Kramer gegen Kramer« und den Film... Auf keinen Fall würde ich wieder Hausfrau und Hausmütterchen spielen wollen. Ich habe immer noch keinen guten Job – die Zeiten sind mies. Aber es geht. Naja, ich bin in der Werbung, und da mußt du schon viel Mist machen... Nur der Sport ist eigentlich etwas, woran ich echt Spaß habe. Eigentlich weiß ich immer noch nicht genau, was ich wirklich Sinnvolles machen kann und dabei noch Geld verdienen. Die Frauen in meiner Frauengruppe sagen immer: Mach eine Ausbildung, Joanna, lern noch was! Ich weiß nicht so recht. Jedenfalls komme ich für mich selber auf und würde nie wieder heiraten...
Vera: Himmel! Wie wahr! Nieder mit der Ehe! Das gefällt mir auch, was heute diese Frauen sagen... Ich habe ja damals, 1929, als meine Tochter 11 Jahre alt war, noch einmal geheiratet. Er war Psychoanalytiker, Freud-Schüler aus Wien, naja, das war damals noch was Neues, und er war Jude... Diese Ehe hätte wohl nicht lange gehalten. Die äußeren Umstände waren aber noch viel ereignisreicher. Da war dann ja das Bild in der Zeitung, die Frau sah aus wie ich: »Acht uniformierte Männer und in der Mitte eine Frau, die ein Schild um den Hals trug, auf dem stand:

›Ich bin am Ort das größte Schwein. Ich lasse mich mit Juden ein‹.« Zwei Tage später bin ich aus Deutschland emigriert. Mein Ex-Schwiegervater hatte mir angeboten, wieder auf Gut Poenichen zu leben – ich hätte mich von meinem jüdischen Mann scheiden lassen können und wäre geschützt gewesen beim deutschen Landadel. Aber ich bin eigentlich nie den bequemsten Weg gegangen. Ich habe dem alten Quindt damals gesagt: »Sieh mich an! Passe ich noch in dieses Land? Eine deutsche Frau raucht nicht. Eine deutsche Frau schenkt dem Führer Kinder. Wer nicht blond ist, macht sich bereits verdächtig. Es genügt, einer Frau ähnlich zu sehen, die ein Verhältnis mit einem Juden hat.« Ich bin dann erst nach Holland gegangen und später in die USA.

Es war hart, ich habe gearbeitet und gearbeitet, bis ich endlich wieder Fotos machen konnte. Ich hatte allerdings Illusionen, dachte, politische Verfolgung und Emigration aus Nazi-Deutschland seien keine Makel, aber Pustekuchen. Mittellose Juden und Exildeutsche gab's wie Sand am Meer... Und Sorgen habe ich mir dann auch gemacht, um Maximiliane, meine Freunde... Im Falle meiner Tochter hat sich das ja dann mit Christine Brückners Roman aufgelöst, na, nicht gerade in Wohlgefallen: meine Tochter – eine Übermutter, eine »Mutter Courage des II. Weltkrieges«, lange Zeit mit einem Oberfaschisten verheiratet... Mittlerweile ist Maximiliane ja weit über sechzig und denkt über manches auch anders...

Frage: Vera und Joanna, Sie haben sich von Ihren Kindern getrennt, als diese noch sehr klein waren. Sie gelten beide als egoistische Frauen, an deren Schlechtigkeit und Unvermögen Romanfiguren als Helden und Heldinnen wachsen können. Sie sind beide Prototypen der ›schlechten Mutter‹, deren Kinder es trotz alledem zu etwas bringen. Was sagen Sie dazu?

Joanna: Also, eines ist mir im Gegensatz zu meinem Ex-Mann mittlerweile klar: Kinder sind kein Besitz. Aber ansonsten... Ich leide darunter. Viele Leute halten mich für verrückt, weil mein Kind bei seinem Vater aufwächst. Und der Vater kriegt Applaus und Zustimmung. Ich will doch nur leben...

Vera: Mir ist es mittlerweile – schon ob meines Alters, ich bin jetzt bald 100 Jahre alt – völlig schnurzpiepegal, was andere Leute über mich schreiben oder denken. Vielleicht wäre meine Tochter ein wenig anders geworden, wäre sie mit mir zusammen, bei mir, aufgewachsen... Vielleicht. Aber – meine Güte – es ist ihr Leben! Und ich bin für mein Leben verantwortlich! Eines kann ich für mich sagen: Ich war immer gradlinig. Naja, ich bin jetzt elffache Urgroßmutter – ist das nicht witzig? Es ist alles verrückt, spannend. Ich möchte noch einmal leben, und ich würde vieles wieder genauso machen.

VI. Sind Sie eine Rabenmutter?

Test Test Test Test Test Test Test Test Test
Sind Sie eine Rabenmutter?

Dieser Test wurde unter wissenschaftlich-psychologischer Sonder-Service-Beratung entwickelt und gibt Ihnen die Möglichkeit, Schwarz auf Weiß zu lesen, was Sie schon immer wußten. Es ist ganz einfach:

Beantworten Sie so ehrlich wie möglich die folgenden Fragen, und kreuzen Sie die Antworten an, die Ihrer Lebenssituation und Ihrer Meinung am ehesten entsprechen.

(Die Auswertung des Tests finden Sie auf Seite 155 und 156.)

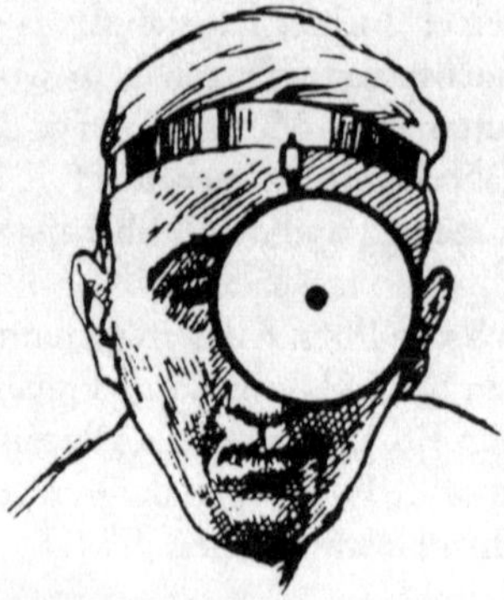

I. Vortest

a) Sind Sie männlich? Dann kreuzen Sie bitte Ihre Antworten in der linken Spalte an.
b) Sind Sie weiblich? Dann kreuzen Sie bitte Ihre Antworten in der rechten Spalte an.

II. Testfragen

Männer		Frauen
A	1. Sie haben Kinder, die bei Ihnen leben.	B
B	Sie haben Kinder, die nicht bei Ihnen leben.	C
B	Sie haben keine Kinder.	C
	(Sie können den Test trotzdem machen, falls ein Kinderwunsch besteht, und sei es auch nur als ab und zu auftretende Gedankenspielerei.)	

Männer		Frauen
A	2. Ihre Kinder sind älter als 18 Jahre und aus dem Haus. (Bitte beantworten Sie die Fragen nach Ihrer Erinnerung.)	B
A	3. Ihre Kinder sind unter 18 Jahre alt.	B
A	4. Sie sind berufstätig.	C
A	5. Sie haben Hobbys, ausgeprägte Interessen und zeitraubende Vorlieben, die nichts mit Kindererziehung zu tun haben.	C
A	6. Sie widmen sich vorrangig oder ausschließlich der Kindererziehung.	B
A	7. Sie lesen regelmäßig ELTERN, UNSER KIND oder entsprechende Zeitschriften.	B
A	8. Sie besuchen einen Fortbildungskurs für Eltern.	B
A	9. Sie haben mindestens drei Erziehungsratgeber im Bücherschrank stehen.	B
B	10. Sie haben eine Tochter.	B
A	Ihre Tochter will später Kinder haben.	B
B	Ihre Tochter will keine Kinder haben.	C
A	11. Sie haben einen Sohn.	A
A	Ihr Sohn putzt das Klo regelmäßig.	C
A	Ihr Sohn macht absolut nichts im Haushalt.	A
B	12. Sie sind verheiratet.	A
B	Sie sind geschieden.	B
B	Sie sind verwitwet.	B
A	Sie sind unverheiratet.	C
A	13. Sie haben die Geburt Ihres Kindes schmerzfrei und locker hinter sich gebracht.	A
B	Sie waren gar nicht dabei.	—
—	Sie haben gestöhnt, gebrüllt und gejammert, vielleicht sogar Schmerzmittel genommen.	B
B	Sie haben alles falsch gemacht und wundern sich heute noch, daß ein Kind dabei herauskam.	C
—	14. Sie stillten Ihr Kind mindestens ein Jahr.	A
A	Sie stillten nie.	C
A	15. Ihre Kinder sind hübsch.	B
—	Ihre Kinder sind eitel.	B
A	16. Ihre Kinder sind intelligent.	B
—	Ihre Kinder sind besserwisserisch.	B
A	17. Ihre Kinder sind nicht auf den Mund gefallen.	B
—	Ihre Kinder sind rotzfrech.	C
A	18. Ihre Kinder kommen in der Schule gut klar.	B

Männer		Frauen
—	Ihre Kinder sind Streber.	B
—	Ihre Kinder sind schlecht in der Schule.	C
A	19. Sie selbst sind zufrieden mit Ihren Eigenschaften als Eltern.	C
B	20. Sie haben manchmal zu wenig Zeit für Ihre Kinder.	C
A	21. Sie beschäftigen regelmäßig Babysitter.	C
B	22. Ihre Kinder besuchen einen Kindergarten.	C
A	23. Ihre Kinder besuchen eine Spielgruppeninitiative.	A
B	24. Ihre Kinder wohnen gar nicht bei Ihnen.	C
AAA	25. Sie sind Hausmann.	—
—	26. Sie sind Hausfrau.	B
	27. Stellen Sie sich bitte folgende Situation vor: Sie haben Spaghettis in kochendes Wasser geworfen, das Telefon klingelt, Ihr dreijähriges Kind heult, und die Katze kackt auf den Teppich. Wie reagieren Sie?	
B	a) Ich trinke einen Cognac oder gehe in die nächste Kneipe.	C
A	b) Ich nehme das Kind auf den Arm, stelle die Spaghettis aus, vergesse die Katzenkacke, während das Telefon von allein aufhört zu klingeln.	B
B	c) Ich verprügele Katze und Kind und schütte die Spaghettis auf das Telefon.	C
	28. Noch eine Situation: Sie haben Ihr Kind (im Alter zwischen 8 und 10 Jahren) beim Geldklauen erwischt. Wie reagieren Sie?	
—	a) Ich kündige meine Berufstätigkeit.	A
A	b) Ich gebe dem Kind mehr Taschengeld.	B
A	c) Ich klau' dem Kind das Geld wieder.	C
	29. Wann waren Sie das letzte Mal im Kino oder im Restaurant (auch Geschäftsessen)?	
B	a) gestern	C
A	b) in den letzten 14 Tagen	C
B	c) an unserem Hochzeitstag, als Oma da war	A
—	30. Sind Sie in einer Frauengruppe oder waren Sie schon mal in einer?	C
A	Sind Sie in einer Männergruppe?	—

(Die Auswertung des Tests finden Sie auf den nächsten Seiten.)

Testauswertung (Nur für Männer!)
(Die Testauswertung für Frauen finden Sie auf der folgenden Seite.)
Sie zählen jetzt bitte Ihre A-Punkte, Ihre B-Punkte und Ihre C-Punkte. Es ist durchaus möglich, daß Sie mehr Punkte haben, als es in unserer Test-Auswertung verarbeitet werden kann. Allerdings sollten Sie – bei korrekter Beantwortung – keine C-Punkte haben.

1. Mehr als 20 A-Punkte
Natürlich sind Sie keine Rabenmutter, weil Sie ein Mann sind. Für einen Rabenvater reicht es aber auch nicht, so wie Sie sich teilweise gebärden. Sie Hilfs-Softi! Wenn Sie es richtig anpacken, haben Sie alle Chancen, Karriere zu machen – im Beruf **und** als Vater! Probleme gibt es höchstens im Zusammenhang mit Ihrer Frau. Ein guter Rat: Versuchen Sie, dezent den Überblick zu behalten, aber ziehen Sie die Zügel nicht zu stramm!!! Immerhin entstehen in den Freiräumen, die **sie** Ihnen läßt, Möglichkeiten für Ihre eigene Profilierung. (Zum Beispiel können Sie sich für Zeitschriftenserien »Der neue Vater« interviewen lassen.)

2. Mehr als 7 B-Punkte
Eine Rabenmutter sind Sie nicht, weil Sie ein Mann sind. Ein Rabenvater sind Sie auch nicht, weil Beruf und Kinder bekannterweise Opfer fordern. Wieso lesen Sie eigentlich dieses Buch? Ein guter Rat: Wenn Ihre Frau es Ihnen auf den Schreibtisch gelegt hat, dann sollten Sie mal ein Auge auf ihre Lektüre werfen, sonst sind die guten Zeiten bald vorbei!

3. Weniger als 20 A-Punkte oder 7 B-Punkte
Manchmal sind Sie so ein richtiger Vorzeige-Papa. Sie geben sich ernsthaft Mühe. Übertreiben Sie aber nicht. Im geheimen wissen Sie es doch schon lange: Eigentlich können Sie kaum was falsch machen. Klar, es gibt manchmal den einen oder anderen Punkt, an dem Sie versagt haben – aber das ist doch schnell vergessen. Kinder sind ja nicht nachtragend. Und Ihre Frau ist froh, daß Sie ab und zu so umgänglich sind.

Testauswertung (Nur für Frauen!)
(Die Testauswertung für Männer finden Sie auf der vorhergehenden Seite.)
Sie zählen jetzt bitte Ihre A-Punkte, Ihre B-Punkte und Ihre C-Punkte. Falls Sie in die Auswertungs-Kategorien nicht passen, lesen Sie diese aufmerksam durch, und Sie werden schon von alleine merken, welche am besten trifft.

1. Mehr als 5 A-Punkte
Irgendwo haben Sie zwar geschummelt, aber wir drücken ein Auge zu. Es ist sowieso egal. Ihnen scheint nicht klar zu sein, daß Sie Kopfstand an der Wand machen können und trotzdem eine Rabenmutter sind und bleiben! Gucken Sie mal wieder in Ihre Erziehungsbücher und lesen Sie nach, was Sie allein schon durch Ihre dauernde Anwesenheit in der Psyche Ihres Kindes anrichten, besonders, wenn Sie einen Sohn haben.

2. Mehr als 10 B-Punkte
Sie sind die typische Rabenmutter, aber Sie wollen es nicht wahrhaben. Manchmal haben Sie zwar ein schlechtes Gewissen, das ist bei Ihrer Inkonsequenz und Unsicherheit Kindern gegenüber auch verständlich. Aber dann denken Sie immer noch, daß Sie was Besonderes sind. Haben nicht Millionen von Müttern ihre Kinder auch großgekriegt – unter teilweise viel schwierigeren Bedingungen?
Übrigens: Ihre Kinder sind auch nur recht durchschnittlich, genau wie Sie.

3. Mehr als 6 C-Punkte
Ihnen ist klar, daß Sie eine Rabenmutter sind. Entweder geben Sie sich sehr entschieden, oder Sie gehen sowieso schon zum Psychiater. Extreme Nichtanpassung an gesellschaftliche Normen spricht immer für egoistische und unweibliche Krankheitsbilder.
Was sagen Ihre Kinder eigentlich dazu?
Und wieso haben Sie sich dieses Buch gekauft? Da muß doch ein Grund gewesen sein!

»So ist der ›rechtsfreie Raum‹ auch eine Chance, die konkrete Situation selbst zu bestimmen.«

Dieser Rechtsteil wurde von Susanne Oppermann, Rechtsanwältin in Hamburg, erarbeitet und bezieht sich auf den juristischen Stand von 1985.

Das Bürgerliche Gesetzbuch (BGB) trat am 1. 1. 1900 in Kraft – zu einer Zeit also, in der die Familienstrukturen durch die Industrialisierung schon in Veränderungen begriffen waren. Frauenarbeit außerhalb der Familie war keine Seltenheit mehr. Dennoch waren streng patriarchalische Verhältnisse in allen gesellschaftlichen Bereichen (wenn auch nicht mehr ganz unangefochten) vorherrschend. Im Familienrecht des BGB von 1900 liest sich das so: »Dem Manne steht die Entscheidung in allen das gemeinschaftliche Leben betreffenden Angelegenheiten zu.« In allen Streitfragen über Haushaltsführung, Kindererziehung u. ä. entschied letztlich der Wille des Ehemannes – er konnte sogar Arbeitsverträge seiner Frau gegen deren Willen kündigen und ein eventuelles Vermögen, das sie mit in die Ehe gebracht hatte, verwalten.

Das oben zitierte **Eherecht** des BGB blieb fast unverändert bis 1953 bestehen, obgleich das 1949 in Kraft getretene Grundgesetz in seinem Artikel 3 bestimmte: »Männer und Frauen sind gleichberechtigt.« Dieser Widerspruch führte 1953 zu einer Aufhebung des alten Eherechtes, und 1957 trat das sogenannte ›Gleichberechtigungsgesetz‹ in Kraft, das die ›Zugewinngemeinschaft‹ zum Grundsatz einer Ehe erhob. Als Modell der Ehe und Familie galt allerdings weiterhin die ›Hausfrauenehe‹. Zitat aus einem Rechtslehrbuch von 1967: »Dem Gleichberechtigungsgedanken widerspricht es nicht, im Hinblick auf die naturgegebenen biologischen und funktionellen Unterschiede des Geschlechts die Aufgaben, die sich aus der Lebensgemeinschaft ergeben, zwischen Mann und Frau angemessen aufzuteilen. Der naturgegebenen Teilung entspricht es regelmäßig, daß der Mann erwerbstätig ist und die Frau den Haushalt führt.« Und im Gesetz hieß es entsprechend: »Die Frau ist berechtigt, erwerbstätig zu sein, soweit dies mit ihren Pflichten in Ehe und Familie vereinbar ist.«

Obgleich die Veränderung der wirtschaftlichen und gesellschaftlichen Verhältnisse dieses Familien- und Ehemodell schon längst überholt hatte, blieb die gesetzliche Grundlage dafür bis in die siebziger Jahre hinein bestehen.

Erst 1977 trat eine umfangreiche Veränderung des Ehe- und Familienrechtes in Kraft – und gilt heute noch. Grundlage ist ein Ehemodell, das von einer auf Partnerschaft und Teamwork basierenden Lebensgemeinschaft ausgeht – ohne gesetzlich festgelegte Rollenfixierung. Mann **und** Frau sind berechtigt, erwerbstätig zu sein und haben die Haushaltsführung im gegenseitigen Einvernehmen zu regeln. Im Scheidungsrecht ist nicht mehr das Schuldprinzip die Grundlage, sondern eine Ehe wird wegen ›Zerrüttung‹ geschieden, ohne daß festgelegt werden muß, welcher Ehepartner den Schwarzen Peter zugeschoben bekommt. Das bedeutete vor allem für die Frauen einen großen Fortschritt, denn eine ›schuldig‹ geschiedene (Haus)frau wurde bis dahin nur zu oft mit dem Entzug jeder Lebensgrundlage bestraft (kein Unterhalt, keine Altersabsicherung, häufig Entzug des Sorgerechts für Kinder).

Dennoch bildet diese noch keine zehn Jahre alte Neuregelung keinen Grund zum Frohlocken. Es wird immer lauter und deutlicher von einer Rückbesinnung auf die ›fraulichen Tugenden‹ gesprochen und die Rückgängigmachung des ›Zerrüttungsprinzips‹ bei Scheidungen gefordert. Und – trotz gesetzlicher Grundlage – Hausmänner sind nach wie vor eine seltene Ausnahme …

Die vollständige, ›normale‹ Familie, in der Vater erwerbstätig ist und Mutter möglichst Hausfrau, bildet auch heute noch das gesetzliche Leitbild im Familienrecht, wenn es um die Kinder geht. Wenn Eltern in einer anderen Lebensform leben und Kinder aufziehen, haben sie nicht unbedingt mit der Unterstützung des Gesetzgebers zu rechnen. Für die rechtliche Situation von Kindern und Eltern ist zunächst entscheidend, ob es sich um eheliche oder nichteheliche Kinder handelt.

Es ist heute möglich – bisher sind es aber nur Ausnahmen – daß beide Eltern nach einer Scheidung das volle ›**Sorgerecht**‹ über die Kinder behalten. Voraussetzung dafür ist, daß Vater und Mutter (und das Kind) diesem Willen Ausdruck verleihen – und daß sie ein Familiengericht antreffen, das eine solche Regelung als dem ›Kindeswohl entsprechend‹ unterstützt.

Die Praxis der Sorgerechtsentscheidungen sieht anders aus: Überwiegend erhält die Mutter das alleinige Sorgerecht.

Die Ursache ist wohl nicht nur darin zu suchen, daß meist die Mutter die Hauptbezugsperson für ein Kind war und ist. Auch das Weltbild der Richter, die die Entscheidungen treffen, spielt eine Rolle. Und da ist die Welt eben auch nur ganz durchschnittlich: Es gibt durchaus Richter, für die es kaum vorstellbar ist, daß sich ein Vater um die Kinder kümmert oder daß Eltern – trotz Scheidung – weiterhin gemeinsam die Erziehung von Kindern übernehmen können und wollen …

Ein Familiengericht ist nicht zwingend an einen Sorgerechtsvorschlag von Eltern gebunden, auch nicht, wenn dieser übereinstimmend vorgetragen wird.

Die vom Gericht einmal getroffene Sorgerechtsentscheidung kann nachträglich geändert werden, »wenn dies im Interesse des Kindes angezeigt ist.« Bis vor wenigen Jahren spielten dabei Begriffe wie ›unsittliches und ehrloses Verhalten‹, ›Verstoß gegen das Sittengesetz‹ und ähnliche moraltriefende Wertungen die Hauptrolle. In zunehmendem Maße allerdings rücken Gerichte heute von derartigen Moralvorstellungen ab und lassen auch individuelle Lebensgestaltungen zu, ohne gleich das Sorgerecht zu entziehen (Zusammenleben der Mutter mit einem anderen Mann war noch vor kurzem durchaus ein Grund für den Entzug des Sorgerechtes).

Grundsätzlich hat das eheliche Kind und dessen nach einer Scheidung alleinerziehende/r Sorgeberechtigte/r einen Unterhaltsanspruch gegen den nichtsorgeberechtigten Elternteil. Dieser Unterhaltsanspruch ist in bezug auf das Kind unverzichtbar. Und der, der zahlen muß, hat Anspruch auf ein ›Umgangsrecht‹ mit dem Kind. Die Gestaltung dieses ›Besuchsrechtes‹ bleibt – außer im Streitfall – allein den Eltern überlassen.

Bei Kindern, die **nicht ehelich** geboren werden, sieht das alles ganz anders aus.

Die Komplikationen können schon mit der Geburt des Kindes beginnen. Auch wenn der Ehemann nicht der biologische Vater eines Kindes ist, gilt jedes Kind, das während einer Ehe oder innerhalb von 302 Tagen nach Aufhebung der Ehe geboren wird, als ehelich. Zur juristischen Richtigstellung der Vaterschaft ist eine gerichtliche Anfechtungsklage durch den falschen Vater oder das Kind nötig. Es kommt dann zu absurden Situationen: drei Leute – Mutter, Vater und Ex-Ehemann – können sich noch so einig sein über ihre Beziehungen, und dennoch wird's erst anerkannt, wenn durch medizinische Gutachten und Gericht bestätigt wird, daß der Vater nicht der Vater ist...

Aber auch im ›Normalfall‹ der nichtverheirateten Mutter wird es kompliziert. Die Rechtsprechung geht hier davon aus, »daß jedes Kind einen Rechtsanspruch darauf hat, seine Unterhaltsansprüche durchzusetzen und zu erfahren, wer sein Vater ist«. Dahinter haben Interessen der Mutter an der Verschweigung des Vaters – Ängste, Rücksichtnahme, aber auch Wille zur Selbständigkeit – zurückzustehen.

Ein nichteheliches Kind bekommt mit seiner Geburt einen »Pfleger« zugeteilt. In der Regel sind das Vertreter des Jugendamtes, auf Antrag können diese Aufgaben auch Privatpersonen wahrnehmen. Der »Pfleger« hat den Auftrag, dem Kind juristisch »einen Vater zu beschaffen«. Die Mutter kann dem entgehen, wenn sie einen Antrag auf Aufhebung der Amtspflegschaft stellt. Einem solchen Antrag wird am ehesten entsprochen, wenn die Vaterschaft geklärt ist. Der biologische Vater muß also die Vaterschaft anerkennen, oder die Mutter muß seinen Namen bekanntgeben, und er wird per medizinischem Gutachten auf die Vaterschaft (und die Unterhaltszahlungen) festgenagelt.

Wenn die Vaterschaft feststeht, ist die Situation **nichtehelicher Väter** bedeutend schwächer als die der ehelichen. Zwar sind sie auch juristisch mit dem Kind verwandt – das Sorgerecht steht aber immer nur der Mutter zu (sie kann dem nichtehelichen Vater ein Sorgerecht über sein Kind nur verschaffen, wenn sie es von ihm adoptieren läßt und damit auf ihr eigenes Sorgerecht verzichtet).

Das Bundesverfassungsgericht hat diese Regelung 1981 mit einer erstaunlichen Begründung für verfassungsgemäß erklärt: Selbst, wenn nämlich die Eltern des nichtehelichen Kindes ihre Verbindung so dauerhaft und ernsthaft anstrebten wie eine Ehe, so lehnten sie es aber doch ab, dies in der gesetzlich vorgeschriebenen Form kundzutun. Deshalb könnten sie ihre Gemeinschaft »folgenlos« aufheben. Kinder würden dadurch mehr belastet als eheliche Kinder, und man müsse sie vor Schäden bewahren. Da nun aber anerkanntermaßen »Mütter und Kleinkinder einander seelisch zugeordnet seien«, müsse der Vater eben zurückstehen.

Im Ergebnis wird hier auf der juristischen Ebene die nichteheliche Vaterschaft bestraft: Zahlen muß der Vater nämlich in jedem Fall. Gesellschaftspolitisch bedeutet diese Regelung, daß Tür und Tor offengehalten wird für die ›Zahlväter‹, die sich eben an Arbeit, Sorgen – und Vergnügen – mit Kindern nicht beteiligen wollen, können oder dürfen. Wie ein Bumerang fällt solch eine Regelung auf die Mütter zurück, die dann zwar die Alleinverantwortung für ihr Kind haben – aber eben auch die Alleinarbeit...

Dann steht die alleinerziehende Mutter da und sucht einen **Kindergartenplatz.** Kindergarten und Krippen sind bekanntlich rar und nicht ganz billig. Zwar werden sie durchaus bevorzugt an Kinder alleinerziehender oder berufstätiger Mütter vergeben. Dahinter verbirgt sich allerdings eine Art ›Notlösungsstrategie‹: Eine Kindergartenunterbringung gilt eben als Notlösung, weil die Frau eigentlich ihre Kinder zu Hause betreuen soll. Ein Kindergartenplatz wird normalerweise bei uns nur unter folgenden Bedingungen vergeben: Entweder man zahlt viel für eine private Institution (300 bis 500 DM im Monat sind bei einem Durchschnittseinkommen kaum aufzubringen) oder man ist arm und kann die Berufstätigkeit der Mutter mit einer sozialen Notlage begründen (dann erhält man Zuschüsse für die Kindergartenunterbringung). Die dritte Möglichkeit ist die problematischste. Man kann mit Hilfe des Jugendamtes eine »erzieherische Notwendigkeit für eine Fremdplazierung des Kindes« anerkennen lassen und dadurch Anspruch und finanzielle Unterstützung auf eine Kindergartenbetreuung erhalten. Das Problem dabei ist die Akte über das Kind bei den Behörden. Mögen Eltern und behördliche Sachbearbeiter auch anderer

Meinung sein – das Kind fällt eben doch in die Sparte ›Lieber-Kindergarten-als-asozial‹ ...

Die weitreichendste Form der Kinderbetreuung durch andere Leute bei uns ist die **Adoption.** Man kann entweder selbst oder mit Hilfe der Adoptionsvermittlungsstellen Ersatzeltern suchen. Die Vermittlungsstellen genehmigen aber normalerweise nur Adoptionen an verheiratete Paare. Vor allem verliert das Kind durch eine Adoption jegliche Rechtsbeziehung zu seinen leiblichen Eltern. Auch die Eltern haben keinerlei Rechte mehr auf eine Beziehung zu ihrem Kind. Juristisch bedeutet eine Adoption also in den allermeisten Fällen ein völliges Abschneiden der Beziehung zwischen Kind und biologischen Eltern. Die Ansprüche, die zumindest theoretisch an Adoptiveltern gestellt werden, sind ein Abbild des Ideals von der Hausfrauenfamilie.

Insgesamt sind alle Lebensformen mit Kindern, die nicht diesem Familienleitbild entsprechen, von juristischer Seite höchst unzulänglich geregelt.

Dies liegt sicher zum einen an der Starrheit des Gesetzgebers und der Gerichte. Andererseits müssen Gesetze aber immer für eine Vielzahl von Fällen passen, um überhaupt noch überschaubar und anwendbar zu sein. Daraus ergibt sich notwendigerweise die Schwierigkeit, daß jede gesetzliche Regelung auch zu Ungerechtigkeiten und Absurditäten führen kann.

Man sollte deshalb der juristischen Ebene nicht zu viel Bedeutung beimessen. Eine gesetzliche Regelung bietet zwar unter Umständen Hilfe und Schutz, sie kann aber auch die individuelle Problemlösung in einer Konfliktsituation verhindern. So ist der ›rechtsfreie Raum‹, in dem man sich bewegt, wenn man nicht in einer »Normalfamilie« lebt und dennoch Kinder hat, auch eine Chance, die konkrete Situation in allen Einzelheiten selbst zu bestimmen. Es empfiehlt sich allerdings, sich über die rechtliche Grundlage der eigenen Lebenssituation zu informieren, um gegen Überraschungen im Streitfall gewappnet zu sein. Es empfiehlt sich durchaus auch, in bestimmten Situationen auf einer Änderung des Rechts zu bestehen. Veränderungen im Familienrecht entwickeln sich auch durch ›Richterrecht‹ – durch die gerichtliche Praxis, in der scheibchenweise auch Platz für neue Ideen geschaffen werden kann. Die heutige Möglichkeit des gleichrangigen Sorgerechts für Kinder auch nach der Scheidung ist dafür ein Beispiel, auch wenn es noch eine Rarität ist.

Literatur zur weiteren Information:

Helga Oberloskamp: Ich erziehe mein Kind allein. München 1985.
Eva-Marie v. Münch: Zusammenleben ohne Trauschein. München 1983.
Eva-Marie v. Münch: Die Scheidung nach dem neuen Recht. München 1985.

Literaturnachweis

Ariès, Phillippe: Geschichte der Kindheit. München und Wien 1975.
Badinter, Elisabeth: Die Mutterliebe. München 1981.
Berninghausen, Jutta: Der Traum vom Kind – Geburt eines Klischees. Frankfurt 1980.
Blüm, Norbert: Die sanfte Gewalt der Familie. Familienpolitische Leitsätze der CDU-Sozialausschüsse 1981.
Brinker-Gabler, Gisela: Frauenarbeit und Beruf. Frankfurt 1979.
Brückner, Christine: Jauche und Levkojen. Frankfurt, Berlin, Wien 1980.
Brüder Grimm: Märchen. München-Zürich 1937.
Corman, Avery: Kramer gegen Kramer. Hamburg 1980.
COURAGE. Rabenmütter von A–Z. Sonderheft 9. Berlin 1984.
Diekmeyer, Ulrich: Das Elternbuch. Reinbek bei Hamburg 1976.
EMMA. Zeitung von Frauen für Frauen. 1, 2, 3/79; 4/80; 12/81; 9/84; 11/84. Köln.
Firestone, Shulamit: Frauenbefreiung und sexuelle Revolution. Frankfurt 1970.
Liedloff, Jean: Auf der Suche nach dem verlorenen Glück. München 1982.
Middendorf, Wilhelm: Die Kindergärten. Bedürfniß der Zeit. Blankenburg 1848.
Münch, Eva-Marie v.: Zusammenleben ohne Trauschein. München 1983.
Münch, Eva-Marie v.: Die Scheidung nach dem neuen Recht. München 1983.
Oberloskamp, Helga: Ich erziehe mein Kind allein. München 1985.
Peters, D. Stefan: Vögel in Wald und Garten in Farben. Ravensburg 1976.
Rosenbaum, Heidi: Formen der Familie. Frankfurt 1982.
Schwarzer, Alice: So fing es an! Köln 1981.
Schwarzer, Alice: Simone de Beauvoir heute. Reinbek bei Hamburg 1983.
Shorter, Edward: Die Geburt der modernen Familie. Reinbek bei Hamburg 1977.
Sichtermann, Barbara: Nein, nein, will nicht! Reinbek bei Hamburg 1983.
Sichtermann, Barbara: Vorsicht, Kind. Berlin 1982.
Sichtermann, Barbara: Weiblichkeit. Berlin 1983.
Spitz, René A.: Vom Dialog. Studien über den Ursprung der menschlichen Kommunikation und ihrer Rolle in der Persönlichkeitsbildung. Frankfurt/M.; Berlin; Wien 1982.
The Boston Women's Health Book Collective: Unsere Kinder, unser Leben. Reinbek bei Hamburg 1981.

ENDE